U0894647

勒内·笛卡尔

我思故我在

Cogito, ergo sum

日耳曼
通识译丛

近代哲学

从笛卡尔到康德

〔德国〕约翰内斯·哈格（Johannes Haag）著
〔瑞士〕马尔库斯·维尔特（Markus Wild）
李彦达 译

上海三联书店

目　录

前 言

在简要讲述某个阶段的哲学史时，通常离不开这一时期的主导思想，由此可以将这个时代作为一个整体加以概述。对近代史的思想家来说，“自主性思想”（Autonomie）是指引时代方向的核心理念。

这种理念尤其适用于实践哲学：例如在近代的道德哲学中，普遍存在的哲学信念是，一个理性的个体应该能够遵从“自主性道德”的理念［参见施尼温德《自主性的发明：近代道德哲学史》（*The Invention of Autonomy. A History of Modern Moral Philosophy*），1998］，并在此基础之上跟其他理性个体和谐共处。这种自主性思想不仅意味着符合这样一种信念，即通过这种自我立法意识所建立的国家也应该具有自主性；同时在认识论和方法论领域，自主性也应该成为一种指导思想，这种思想首先体现在笛卡尔充满自信地对人类知识进行的自我审视上，并作为整个近代哲学史的主题贯穿始终。自主性思想在康德哲学中发展到了顶峰，同时也暂时发展到了终点，当然，本书对此就不再详述了（参见本丛书的《十九世纪哲学：从康德到尼采》）。尽管近代哲学不应被视为以康德为目标的思想发展史，但将其视为推动康德用批判哲学扭转了哲学的发展方向，也许对我们的研究不无裨益。

不过，我们并不想将这个时代的哲学简化为以上主导思想，因此，我们在讲述这段哲学史时还需要关注一系列其他主题，其中有些主题还相互紧密交织在一起，例如实体概念的演变，观念论，关于道德、感觉和理性的关系问题，还有关于自然状态和国家性质的问题。

至于其他重要话题，本书只能简要提及一下，或不得不将其置入时代背景中稍作概述，其中包括哲学与新兴自然科学之间的关系，关于古希腊思想流派（怀疑论、斯多葛学派、伊壁鸠鲁学派）的争论，宗教哲学、人类学或哲学美学。通过对补充参考文献的概览，至少应该可以在部分程度上弥补这一缺憾。

第一章
笛卡尔：知识基础与激情治疗

1619 年冬天，勒内·笛卡尔作为一名年轻的士兵，在前往巴伐利亚公爵马克西米利安一世军团服役的路上，不得不在乌尔姆躲避严冬，而他在 11 月 10 日夜里做的三个梦，却永久改变了自己的人生道路，同时也改变了近代哲学史。笛卡尔于 1596 年 3 月 31 日出生在法国小镇拉艾，他出身于一个低阶的贵族家庭；父亲曾是政府的高级官员，母亲在他出生之后 14 个月就与世长辞。笛卡尔 9 岁起开始在拉弗莱什的亨利四世学院上学，这所由耶稣会管理的学院是当时欧洲最好的学校之一。他在拉弗莱什接受了非常全面的哲学和自然科学教育。

除了学习现代自然科学的初级知识（借助望远镜进行教学），主要还学习了当时深受“经院哲学”影响的学院派哲学基础课程，这些理论后来有一些被他批判地加以拒绝（例如亚里士多德的自然科学理论），还有一些则融入了他自己的哲学思想（例如形而上学的专业术语）。1614 年从该校毕业之后，笛卡尔大约在 1615 年秋天进入普瓦提埃大学学习法律，并于一年后毕业。1618 年夏天，笛卡尔加入荷兰军队，开始在（荷兰的）布雷达学习现代军事课程。在深受人文主义思想影响的荷兰，他很快就融入了当地的自由主义文化生活。其中，对笛卡尔思想发展具有关键意义的是他跟当时最著名的数学家以撒·贝克曼（1588—1637）的合作。受其影响，笛卡尔拒绝接受亚里士多德的自然科学方法论，其自然科学理念还受到贝克曼原子论学说的深远影响。除了运动学和流体静力学方面的研究，这两位年轻学者还对借助“数学 – 力学”方法描述音乐结构比例饶有兴趣，这些研究成果都被笛卡尔记录在他生平的第一篇完整论文《音乐纲要》（*Compendium Musicae*）内（但此文在他生前从未发表）。

从布雷达到慕尼黑的旅行结束之后，笛卡尔首先在乌尔姆找到了归宿：在这个凛冽的德国寒冬，他沉浸于科学研究之中，在斗室里不断进行思考。后来，在他的著作《谈谈方法》(*Discours de la Methode*，1637)里，笛卡尔回顾过这段时光，但他并未提及“觉醒经历”，为此，我们可以通过笛卡尔的第一位传记作者阿德里安·巴耶（1649—1706）得知：在经过一整天紧张的脑力劳动后，他在夜里做了三个非同寻常的梦，笛卡尔很快认为这是一个意图明确的天启召唤：让他放弃士兵的职业生涯，改选一条致力于探索科学真理的人生道路。笛卡尔努力通过独具特色的视角颠覆了大量经院派哲学的核心方法论（而这些都离不开他在此地停留时的那段经历)，以及与此相关的科学和哲学研究方向的转变，这一切都决定了笛卡尔此后的人生道路。

方法与怀疑

作为新型方法论的核心主题，笛卡尔认为：在缺少外部权威指引的情况下，人们最终只能依靠自己以及自己的独立思考能力，简而言之：人必须具备精神上的自主性。在上述觉醒经历之后不久，笛卡尔在《指导心灵的规则》(*Regulae ad Directionem Ingenii*，1619；1627年再版)一文中致力于清楚明白地描述这种新型方法论。

近20年后，笛卡尔在《谈谈方法》中写道：

> 同时，我既然在大众的意见中，寻找不出任何一种值得选取的，我便迫于无奈而以自己的理性为人生的向导了。

因为——正如笛卡尔在其充满创新性的经典论证中所表明的——所有被人们顶礼膜拜的所谓“权威”最终都将受到各自所处时代以及文化空间的桎梏。而笛卡尔坚信：借助他设计的一种**“方法”**，应该足以让自己系统地从这种随机的环境中脱离出来，从而让自己的思想摆脱这些随机性的影响，为找到超越时间的永恒真理开辟视野。一旦找到了这些真理，就可以使其成为知识与科学的可靠基础。

知识与智慧的基础并不是传统、文化或某种集体，而是主体的认知自主性。这种自主性在于将理性的自由运用视为思考和认知的标准。正如笛卡尔在《谈谈方法》中指出的，认知自主性应具有最高的尊严，因为它来源于上帝：

> 神既然已经赐给我们每人一份分辨真假的

> 天然灵明，我觉得自己决不应该有片刻工夫满足于别人的看法，只有打定主意在条件成熟的时候用自己的判断去审查别人的看法。

然而，认知自主性不仅在于拒绝未经证实的观点，学会自由运用理性，而且还在于掌握一种逐步发现真理的方法。在《谈谈方法》的第二部分，笛卡尔通过四条规则概括出这种方法：

> 1. 凡是我没有明确地认识到的东西，我绝不把它当成真的接受。
>
> 2. 把我所审查的每一个难题按照可能和必要的程度分成若干部分，以便一一妥为解决。
>
> 3. 按次序进行思考，从最简单、最容易认识的对象开始，一点一点逐步上升，直到认识最复杂的对象。
>
> 4. 在任何情况下，都要尽量全面考察，尽量普遍地复查，做到确信毫无遗漏。

在《谈谈方法》的附录中，笛卡尔通过三篇翔实的论文——分别关于光学（*De la Dioptrique*）、气象学（*Les*

Meteores）和几何学（*La Géometrie*）——举例说明了这种方法的可行性。众所周知，笛卡尔曾经尝试归纳出光的折射定律，或者解释彩虹的神秘现象。很显然，笛卡尔将自己的这种方法理解为一种万能的工具，既可以找到经验真理（例如物理学），也可以找到先天真理——或者就像笛卡尔所说的"永恒真理"（例如几何学）。在《第一哲学沉思集》（*Meditationes de Prima Philosophia*，1641）中，笛卡尔通过"六个沉思"阐述的形而上学理论也是这种方法的一个应用实例。

《第一哲学沉思集》是笛卡尔最重要的哲学著作，它为论证的清晰性设定了新的标准，其中提出的问题确定了从近代早期到康德时代的理论哲学议程。因此，此书可以说是近代早期理论哲学的奠基之作，尤其实现了形而上学领域的认识论转向，例如上帝的存在问题，心灵与肉体之间的关系。因此，此书实际上已将认识论置于超出形而上学的优先地位。

这种在认识论上实现的转向也成为我们探讨方法论问题的基础。笛卡尔方法论的基本前提是如今被称为"基础主义"的认识论：根据这种理论，被归类为知识范畴的命题（Überzeugung）——指的是那种（恰好）真实且合理的命题——必须建立在不证自明或者可直接确认成立的基础之上。当然，这种理论更适用于知识的系统化分类以及科学领域。

一旦确认这种基本命题，那么就可以确保摆脱一种起源于皮浪主义[①]怀疑论者阿格里帕的怀疑论思想：阿格里帕三难困境（Trilemma）。这种三重困境来自一种观察实验，即我对命题P的论证通常依靠另一个命题Q。如果Q是P的论证理由，那么Q本身也必须具备充分理由。很明显，这里就形成了一个论证链，由此导致我们不得不面临选择：1. 陷入无限倒退；2. 陷入循环论证；3. 任意终止论证理由。

可直接确认成立的命题似乎可以成为一门科学的基础，由此可以摆脱上述三难困境：可直接确认成立的基本真理作为一系列"不武断"理由的起点，可以阻止命题的倒退。不过，如何才能确保在现实中不会发生这种情况？为了证明这一点，笛卡尔采用了一种**"方法论上的怀疑论"**：他认为，怀疑论者其实并不是摧毁知识和科学体系的全面破坏者，而是将系统化的怀疑作为一种净化手段，在怀疑过程结束时，应该可以更清楚地揭示

① 皮浪主义：希腊后期哲学中的怀疑派指导理念，认为人类不可能获得真知的认识，坚持事物的不可知性，其代表人物是皮浪，他的口号是："不做任何决定，悬搁判断。"——译注

基本真理。为确保怀疑论完成这一方法论任务，必须进行**“彻底的”**和**“全面的”**怀疑：在接受这种检验方法之前做出的任何判断都是偏见；不得对命题进行单独检验，但可以通过检验其认知来源的可靠性，一次性检验整个类别的所有命题。如果对某个认知来源产生任何疑问，则这个认知来源的所有成果都将受到怀疑，直至另行检验。

在《第一哲学沉思集》的“第一沉思”中，笛卡尔通过连续研究两个基本的经典认知来源完成了一次试验：一个是感官认知，另一个是通过理智或理性获得的先天认识。通过试验，他证明了这两种认知来源都不能摆脱方法论上的怀疑。

笛卡尔的论证过程虽然复杂，但可以简要归纳出两个著名的论点：通过梦境论证反驳了“感官的见证”，通过所谓的“恶魔论证”反驳了“先天认知”的可靠性。

一般来说，梦境或多或少都是一系列感官想象的序列组合，但这并不等于向我们展示了真相。梦境中的场景并不是现实。然而，梦境有可能非常生动，有时候甚至会跟我们清醒时经历的场景惊人地相似。没错，我们偶尔可能会暂时将梦境与清醒时刻相混淆。难道这就是质疑的充分理由吗？此时此刻，我可以完全确信自己处于清醒状态，绝不是在做梦！但怀疑论者可能会反问：难道我们在梦中就没有被类似的想法蒙蔽过吗？

在这句看似无害的言论背后，其实隐藏着一个强有力的哲学论点，令人不由得联想起阿格里帕三难困境中的倒退结构：如果在梦中，我看到了一个此时此地都格外逼真的梦境，以至于我根本无法确定自己在此时此地的状态究竟是梦是醒，那么，在这种情况下，我应该如何区分梦境与现实？既然我在梦中无法区分，为什么我相信自己在此时此地就可以做到？我需要一个可靠的**"标准"**。不过，如果我只能在梦中使用这一标准的话，又该怎么办？对此，笛卡尔得出的结论是，没有可靠的标准能够区分梦境和清醒状态。

在梦境论证中，感官认知几乎受到全面质疑。这是一个典型的"笛卡尔"式的论证样本，其魅力一直延续至今，因为它简洁而富有启发性，稍微一看就足以令人信服，在经过认真思考之后，还会令人产生新的疑问，马上就会进一步深入思考，因此这是一种卓有成效的论证。

无独有偶，这一辩证法也可以用作笛卡尔对先天认知质疑的论证依据："恶魔论证"。先天认知——例如我们已经掌握的逻辑学和数学真理——似乎是如此严谨，以至于没有任何理由加以怀疑。因此，针对这种确定性，笛卡尔必须使用真正有力的论据才能找到质疑理由。我们认为全能的上帝可以满足这个前提：数学真理对我们来说**“应该”**是最有确定性的。可是，难道全能的上帝不会在这方面**“欺骗”**我们吗？因此可以说，即使是数学上的真理也只能是“表面上”的真理，而不是真正意义上的真理。

尽管这一质疑理由比较单薄，并且只属于形而上学的领域，但是，正如笛卡尔所承认的，方法论怀疑的严格条件，除了对感官认知，也可以对先天认知的确定性来源进行反驳。于是，在笛卡尔的“第一沉思”结束时，我们似乎两手空空，一无所获。无论是在感官上的认知，还是对永恒理性的直接领悟，似乎都无法成为知识的基础。那么，我们真的就一无所知了吗？

“我思”与观念论

笛卡尔的方法论怀疑似乎让我们陷入迷思，随后，他又用大概是哲学史上最著名的思考——“我思”（Cogito）论证——开始了他的“第二沉思”。

可是我曾说服我自己相信世界上什么都没有，没有天，没有地，没有精神，也没有物体；难道我不是也曾说服我相信连我也不存在吗？绝对不；如果我曾说服我自己相信什么东西，或者仅仅是我想到过什么东西，那么毫无疑问我是存在的……所以，在对上面这些很好地加以思考，同时对一切事物仔细地加以检查之后，最后必须做出这样的结论，而且必须把它当成确定无疑的，即有我，我存在这个命题，每次当我说出它来，或者在我心里想到它的时候，这个命题必然是真的。（《第一哲学沉思集》AT Ⅶ 24）

这一思考告诉人们，必须让某些必要的真理避免受到方法论的怀疑，即必须意识到思想主体的存在，特别是**怀疑思想**的主体的存在。因此，这些对存在的断言也应该被排除在怀疑之外，因为一旦思想者对自身存在都产生怀疑的话，这就相当于毁灭了自己。唯一可以确定的事实就是思想者存在的确定性，即思想主体，或者正如笛卡尔所言，也是一个“思想实体”（res cogitans）。对于知识基础，甚至整个科学体系的基础而言，这并不算太复杂。

不过，在“思想实体”这个概念中，笛卡尔悄悄赋予了远超出正常论证范围的更多内容。因为这种思想实体——我们很快就会知道——是一种可以思想的“实体”。实体这个定义显然来自亚里士多德的经典理论，即实体是无法自行提前预定的主体：实体具有属性，但并不是属性。笛卡尔在阐述时为这一经典定义增加了一处有趣的变化：按照笛卡尔的观点，真正的谓词应该是我们始终感知到（percipere）的任何事物。我们感知的事物是我们获得了相应“观念”的属性。对笛卡尔来说，观念是人类有意识的精神状态的基本单位。因此，笛卡尔的实体概念在本质上与思想主体有意识的精神状态密切相关——而这里的主体，正是我们作为“思想实体”在“我思”论证结束时确定的知识基础。

因此，在一个被极端怀疑论净化过的认知主体中，哲学研究的基本对象只能是这个主体有意识的精神状态。笛卡尔在《第一哲学沉思集》中始终严格遵行了这一前提。因此，准确理解笛卡尔关于精神状态的观点，对理解笛卡尔思想来说至关重要。我们将会看到，笛卡尔对精神状态的阐述，对近代哲学产生了决定性的影响，尤其是他的“观念论”，具有不可估量的巨大影响力。在这一理论中，笛卡尔提出了关于精神状态意向性的新观点。通过他的观念论，笛卡尔使意向性的主题成为未来 150 年哲学研究的核心议题。自从弗朗兹·布伦塔诺发表《从经验的观点看心理学》(*Psychologie vom empirischen Standpunkt*，1874）以来，精神状态的意向性被理解为：在论述某物（意向性的客体）时，将该客体定性为某物（赋予其属性）。有趣的是，即使客体确实存在，但被赋予的属性实际上并不存在（例如“大象是爬行动物”的观点），或者，即使意向性所论述的客体并不存在（如“独角兽是哺乳动物”的观点），意向性也同样成立。

我们已经提过，观念是人类精神状态的基石。首先可以从两个方面来看待观念：一方面，观念是一种“精神行为”或“思维行为”(idea materialiter spectata)，另一方面，观念又是这种思维行为的“内容”或“表征内容”(idea obiective spectata)。作为思维行为，观念之间不存在什么区别：它们都是精神的活动，是“思想实体”的状态。因此，对观念的具体差异起到决定作用的一定是其他东西。例如，房子的概念和树的概念并不相同，那是因为它们以不同的方式代表了不同的事物，内容也截然不同。不过，在这些观念可以代表某物的情况下，并不要求其代表的客体必须存在。正如笛卡尔借用经院哲学术语所阐述的：这种客体仅需“客观地存在”（objektive Seinsweise）就足够了——因此，它仅仅是某种观念的“思想”参照物。但是，物体不仅可以客观存在，而且可以绝对存在或在其自身存在。笛卡尔将这种存在方式称为“形式地存在”（formale Seinsweise）。很明显，“客观地存在”，即物体（仅）作为思想的内容，与“形式地存在”，即物体在其自身存在，两者之间的关系，关系到表征（观念）与被表征现实之间是否一致的问题。只要思想者可以将观念与其代表的在其自身存在的现实联系起来，他就做到了“形式地”看待观念。

上帝的存在与知识基础

有些精神状态只包含一个观念。当然，大部分精神状态都是观念以及相关态度的复合体。这些态度可能包括希望、愿望、恐惧、怀疑等。这些态度并不取决于理智，而是取决于意志。理智与意志作为“思想实体”的两种属性，相互之间始终在进行交流。这种互动在“判断”过程中格外重要。对笛卡尔来说，判断是一种复杂的精神状态，由一种观念以及对这种观念的主观认可或拒绝构成。我们首先需要在判断中，才能将自己的观念与一个在我们思想之外完全独立存在的世界联系起来：我们可以对某种事物的行为方式持有某种看法——然后就可以从“形式”上看待这一观念。笛卡尔认为，这种思考方式是认可或拒绝的意志行为的结果。因此，只有判断——而不是观念——可能存在真假之别。

但是，到目前为止，我们还没有一个区分真假判断的相关标准。因为目前还无法针对思想主体的存在及其精神状态的存在进行有条理的怀疑。那么，我们的知识体系该如何在这一基础之上建立起来？当然，并不是说这个基本真理可以代表所有其他真理。为此，笛卡尔的观点是，通过我们对思想的接触，也使我们有机会接触在自己身上发现的基本概念（观念）。其中，一方面是基本的数学或逻辑真理（如 2+2=4 的概念，或矛盾律，即 P 与非 P 不能同时成立），另一方面是笛卡尔哲学的一个核心概念：“上帝”的观念。笛卡尔在“恶魔论证”中曾经使用过这个观念。因此，怀疑论本身已经将上帝观念设定为前提。笛卡尔驳斥了这种怀疑论，首先，他证明了上帝的“存在”（第三沉思），然后通过第二步论证，他认为上帝不可能骗人（第四沉思）。他证明上帝存在的基本思想是基于我们认同上帝存在、拥有上帝观念的事实（正如上文所述，怀疑论者在形而上学的怀疑中对此做过假设）得出的结论。当然，这种从思想到现实的推论通常会存在缺陷。不过，在这一特殊事例中，笛卡尔认为自己可以得出正确的结论，因为上帝的观念是一种“无限”实体的观念。这样的观念不可能来自我们人类本身，因为我们不具有无限性，我们不可能仅通过否定人类自身的有限性而产生这一观念，因为上帝具有无限性的概念是真实的，甚至可以说是最真实的概念。因此，这个观念一定是由人类之外的东西赋予我们的。虽然其他有限的实体可能对此负有直接责任，但归根结底，如果我们不想陷入无限倒退，就必须假定这种因果链是由一种实体赋予我们的，而这种实体不需要从其他东西获得这一观念，因为它本身的性质还不确定。因此，根据这种因果律可以认为，针对上帝观念这种情况——而且也只能针对这种情况！根据一个实体的思想，完全可以推断出这一观念的存在。除了根据因果律证明上帝的存在，笛卡尔还完成了上帝存在的本体论证明，这次依据的是上帝作为“至上完满的存在”的概念（第五沉思）：如果存在是一种积极的属性，那么一个其概念包含所有积极属性的存在也必须拥有这种属性。这种证明方式来自托马斯·阿奎那的理论传统，与坎特伯雷的安瑟伦传统的本体论证明有所区别，后者根据上帝必然存在的本质的观点推断出上帝的存在。

通过关于上帝的因果律论证，笛卡尔的基础理论第一次将认知的界限扩展到思想者及其思想之外的领域，开始涉及思想者之外的事物的存在。不过，只有当我们能够排除这位上帝是形而上学怀疑论中的“恶魔”的可能性时，这种扩展才能有所收获。笛卡尔在他的第四沉思（经常被低估）中完成了这项论证。虽然根据现有的上帝观念，我们有充分理由认为上帝肯定是一位仁慈的神。但根据上面提到的问题，人们也不难发现，上帝显然允许我们偶尔被欺骗，这是否符合他的善良属性呢？对此，笛卡尔在论证中认为，我们作为可以被欺骗的存在，比没有被欺骗的状态更完美。因为唯有如此，我们才能在自己的判断中获得“自由”——对笛卡尔来说，这种判断自由意味着一种“意志”的自由，是我们人类唯一有机会接近无限完满的品质：在任何认知环境中，人类都有机会选择同意或拒绝的立场，或者干脆不做任何判断，而这正是我们人类所拥有的最完美的属性。如果我们未能以积极的态度充分利用这种自由，那才会造成问题。不过，上帝就是这样创造了我们，让人类在能力有限的前提下也能避免犯错。这并不是因为我们全知全能，而是因为我们在可疑的情况下，或者在理性无法确定的情况下，有能力选择“放弃判断”。确切地说，一旦我们遇到的问题不符合真理的唯一标准时，我们应该做的是，对于我们感知到的不够清楚明白的观念（也就是模糊的和混乱的观念——哪怕只有很轻微的程度），无法确定其真实性，那么我们就应该加以判断。因此，在笛卡尔的理论中，意志自由成为在认知上实现完全自主性的前提条件。

广延实体与思想实体的关系

在否定了“恶魔论证”的假设之后，我们至少拥有一个可以明确认识到先验真理的领域，用于扩展我们的认知范围。这个领域对数学以及近代早期被称为纯粹自然科学的学科来说已经够用。但是，截至目前，我们只能从上帝作为无限实体，以及我们人类作为“思想实体”的角度来论证存在。我们并没有参考其他有限的实体，更没有参考非精神的外部世界的存在。不过，如果我们把注意力集中在那些让我们具有明确观念的事物上，就可以扩大我们的观察视野，而这需要在驳倒形而上学的怀疑论之后才能实现。正如笛卡尔在“第二沉思”结尾表明的，我们对有限的“广延实体”已经具有某种清楚明白的观念。既然我们明确认可存在这种广延实体，于是,笛卡尔在“第五沉思”中得出结论,广延实体的“存在”可以确信无疑。

广延（Ausdehnung）是有形物质的本质属性；广延属性——例如形状——作为有形物质的唯一属性，不仅可以存在于观察者的观察对象中（例如颜色），还可以存在于数学描述中。（笛卡尔在这里含蓄地运用了主要特质与次要特质之间的对比，这在近代早期的理论哲学中起到了关键性作用，本书将在后面关于约翰·洛克的章节中进行详细叙述。）以有限的广延实体概念为基础，我们可以建立一个运用数学手段开展研究的完整自然科学体系,笛卡尔在其作为教科书写成的《哲学原理》（*Principia Philosophiae*，1644）一书中详细地阐述了这一观点。在这部书中，他将自然界描绘成一种可以充分解释因果关系的运行机制。这种关于自然界及其科学解释的模式几乎彻底推翻了亚里士多德式的自然科学理论，而在此之前，亚里士多德式的自然科学体系一直是这一领域的主导学说。在后一种科学解释中，人们通常会针对某事询问为了什么，也就是说，根据其目的或目标，以及关于事实做出的解释，然后将其理解为达到这一目标的手段（“身体运动是因为它作用于其他身体”）。笛卡尔反对这种目的论解释，并且以因果律为基础对自然进行完整的解释（“身体运动是因为其他身体作用于它”）。这种因果律解释成为笛卡尔开创的现代自然科学的基础。

广延实体的“存在”可以确认无误，这尤其适用于确认我们人类身体的存在：人类的身体就是一种广延的实体。只不过我们还不清楚自己是不是一种既有思想又能延伸的实体。笛卡尔在他的“第六沉思”中断然否定了这种对我们来说似乎顺理成章的想法。他认为：我们人类拥有思想和身体，但我们必须把两者理解为两种本质截然不同的实体的组合。广延和思想不可能是同一个有限实体的属性，因为广延完全没有思想的属性，而思想则是不能广延的属性。更重要的是，这两者的基本属性是相互排斥的，所以广延实体（res extensa）与思想实体（res cogitans）肯定分属不同的实体——而我们人类可以将自己理解为通过两种有限的实体复合而成。

笛卡尔在《第一哲学沉思集》中进行的上述论证经常受到人们的指责，认为他宣扬的是一种分裂的人类形象。实际上，通过提出“身心二元论”，笛卡尔确实为近代哲学史开创了关于身心分离的神秘莫测的理论研究。为此，笛卡尔针对人类思想与身体是如何相互作用的问题，曾花费了大量心血去探讨。除了在《第一哲学沉思集》中围绕这一主题做出形而上学的解释外，他还提出了一个关于身心相互作用的经验理论。正如他在 1637 年之前写的论文《论人》（*Traité de l'Homme*，1662）中解释过的，作为极为特殊的人脑器官，松果腺负责维持着灵魂与身体之间的联系。在他的最后一部作品《论灵魂的激情》（*Les Passions de l'Âme*，1649）中，笛卡尔再次回顾了这一理论。"人类灵魂"——也就是在我们的神经通路中运行的异常细小的有形实体，根据肢体受到的刺激和状态，以特定的模式进入松果腺，从而产生感知、想象和记忆的图像，或者从松果腺进入人体，引发肢体运行和人体运动。不过，在出版《第一哲学沉思集》之后，普法尔茨的伊丽莎白公主（1618—1680）在给笛卡尔的几封信中，要求他不仅以自然科学家的身份，还要以形而上学理论家的身份对人类身体能否影响灵魂的问题发表意见，反之亦然，还需要对精神原因的问题发表意见。那么，这位出身贵族的女哲学家究竟是谁？

与普法尔茨的伊丽莎白公主的讨论

伊丽莎白是新教选帝侯弗里德里希五世（1596—1632）的女儿，弗里德里希五世曾短暂担任过波希米亚国王（1619/1620），随后就不得不流亡荷兰。三十年战争让他的家族无法重返故里。在流亡期间，伊丽莎白接受了采用古典语言进行的全面教育，很可能还学习过逻辑学、数学、政治学和哲学的课程。尽管存在重重的社会障碍，但她应该是 17 世纪诸多女性从事哲学研究的一位代表性人物。与她同样在哲学领域值得关注的女性思想家还包括玛丽·德·古尔奈（1556—1645），安娜·玛丽亚·冯·舒曼（1607—1678），玛格丽特·卡文迪许（1623—1673），安妮·康威（1631—1679），加布丽埃勒·苏琼（1632—1703），达玛丽斯·马沙姆夫人（1659—1708），玛丽·阿斯特尔（1666—1731）和艾米丽·杜夏特莱侯爵夫人（1706—1749）。其中有些女士，我们还将在后面的章节中有所提及。与伊丽莎白不同的是，所有这些女哲学家都曾发表过哲学论文，其中有很多人非常支持笛卡尔主义。正如笛卡尔主义学者弗朗索瓦·普兰·德·拉·巴尔（1647—1723）在《论两性平等》（*De l'Égalité des Deux Sexes*，1673）中明确指出的，鉴于思想实体不可能有性别，因此可以借助笛卡尔主义解决知识界的性别不平等问题。由于笛卡尔主义具有这种解放潜力，因此当时有人将笛卡尔的身心二元论理解为“对身体的压制”，从而臆断为由此可以对女性构成压制。在这场辩论中，女思想家们恪守了非常坚定的立场。

例如，玛丽·阿斯特尔在《对女士们的严肃提议》（*A Serious Proposal to the Ladies*，1694，1697）中认为，女性与男性具备相同的理性能力，因此也应该获得平等的教育机会。在笛卡尔二元论的背景下，这种要求似乎势在必行，因为理性的灵魂决定了人的本性，而人的本性与身体完全不同，并没有任何性别之分。与在生活中发挥人类理性本质的智慧女人不同，缺乏智慧的女人只是屈从了传统的习俗以及他人的意见，过分看重自己的美貌与青春，在智力方面开发不足。当缺乏智慧的女人融入自己那受制于传统习俗的第二本性，一味关注自己的身体时，智慧女人则致力于按照自己的真实本性和上帝赐予的理性灵魂生活。正如杰奎琳·布罗德 2015 年在《玛丽·阿斯特尔的哲学：现代早期美德理论》（*The Philosophy of Mary Astell. An Early Modern Theory of Virtue*）中所论证的，阿斯特尔的这些观点不仅要求人们应该具有认知上的自主性，同时还对认知的可信性提出了要求。

正如普法尔茨的伊丽莎白公主经历过的，那些战乱与流亡生活让 17 世纪的哲学家普遍开始对古典时期的斯多葛学派的道德产生兴趣。古典语文学家尤斯图斯·利普修斯（1547—1608）发表过一篇备受关注的论文，题为《论恒》（*De Constantia in Malis Publicis*，1585），其中提出，斯多葛主义的思想应该有助于人们在政治和个人危机时重寻毅力、力量与安慰。利普修斯重点强调了斯多葛学派哲学的三个主要思想：第一，智慧的一个基本特征就是不要被那些自己无法改变也无法阻止的事件所动摇；第二，为了具备这种不受外部事件左右的独立性，尤其需要学会控制情绪及其波动；第三，情绪基本上都是被误导的判断，对这种判断进行批判性评估和修正是控制情绪的手段。虽然原因各不相同，但伊丽莎白和笛卡尔都被这些观点所深深吸引。我们将在下一节中阐述这些“临时道德”（provisorische Moral）思想，不难看出，笛卡尔特别采纳了前两个观点。

在 1643 年到 1649 年间，伊丽莎白和笛卡尔相互写过一系列重要信件。在 1643 年 5 月 6 日笛卡尔收到的第一封信中，伊丽莎白指出，笛卡尔已经证明：从形而上学的视角看，身体具有广延属性，灵魂的本质存在于思想之中。但是，一个有延伸性的东西怎么能影响一个本质上没有延伸性的东西（也就是思想）呢？反过来，灵魂又是怎么影响广延实体的呢？在 1643 年 5 月 21 日的一封详细回复的信函中，笛卡尔指出，我们不能将身体和灵魂之间的相互作用看成是两个身体相互接触和影响的关系。相反，身体和灵魂保持统一是我们每次移动身体时都意识到的观念之一。这种原始的观念只涉及身体和灵魂的统一，但它也曾经被错误地使用过，例如在看待有形物体与其重力的关系时。有人认为在人类的身体中存在着重力，这种观点是错误的，而正确的观点应该是，重力并非像异物那样施加于身体，而是自始至终与身体保持着统一。同样，灵魂也是通过原始的统一影响身体，身体由此也影响灵魂。笛卡尔能否对这位博学多才的公主所提的问题给出令人满意的答案，仍然颇具争议。无论如何，身心二元论是笛卡尔哲学思想中比较晦涩难懂的主题，经常遭受批评和嘲笑。然而，人们可以冷静思考一下，笛卡尔的二元论究竟出于何种动机。为什么笛卡尔希望将人类的灵魂与思想理解为独立于身体的东西？这种独立性动机其实是他对自主性和理性自决的一种追求。当然，对笛卡尔来说，人类并不意味着分裂，更重要的是可以自由地使用自己的智力和意志，并将两者视为自己思想与行动的标准。

灵魂及其激情

尽管笛卡尔寻求超出传统、文化和社会束缚的独立自主性，但他也意识到，他是在现有社会背景下对知识进行的个人化和系统化的探索，他的研究很可能导致自己与所处的社会产生冲突。因此，在实现认识自主性时，必须与社会协调一致，才能有成功的前景。为此，笛卡尔在《谈谈方法》第三部分提出了著名的“临时道德”学说。为什么这种道德是临时的，而不是绝对的？在《哲学原理》法文版（1647）的前言中，笛卡尔用一棵树的形象描绘了他对完整知识体系的设想。树根代表方法论，树干代表形而上学，最粗壮的树枝则代表了物理学、医学和道德。[①]在笛卡尔的设想中，完美的道德显然只有在形而上学和自然科学的真理获得系统化保障之后才能形成。因此，道德需要建立在基础科学之上，道德代表了系统化认知的顶峰，也是人类智慧的最后阶段。有趣的是，在这一设想中，道德并不是一门独立的学科，

① 原文如此，另有一种说法是“笛卡尔知识树的树根是形而上学、树干是物理学、树枝是各种实用科学”。——译注

而是依赖于其他认知成果。

于是，现在人们应该明白为什么笛卡尔当初只能建立一套道德上的临时准则。因为在他开始研究的时候，还没有找到完美道德的基础，因此，出于谨慎起见，他需要临时性规则加以遵循。这套临时道德的四条规则如下：

> 1.服从我国的法律和习俗，笃守我靠神保佑从小就领受的宗教。
>
> 2.在行动上尽可能坚定果断，一旦选定某种观点，哪怕它十分可疑，也毫不动摇地坚决遵循，就像它十分可靠一样。
>
> 3.永远只求克服自己，不求克服命运，只求改变自己的愿望，不求改变世间的秩序。
>
> 4.把我的一生用来培养我的理性，按照我所规定的那种方法尽全力增进我对真理的认识。

如果说笛卡尔哲学思想的基本动机是主体的认知自主性，可是这里却与此相反，上述规则中的第一条要求的都是认知自主性的对立面，即认同现有传统与体制的权威性。当然，需要注意的是，笛卡尔提出的这一规则仅仅具有“临时性”，是出于谨慎制定的权宜之计。临时道德认为，如果一个人想在尽可能不受外界影响、不与社会发生冲突的情况下有系统地进行知识探索，那么遵循某些特定的规则是非常明智的。因此，与其说它与自主性相矛盾，还不如说它是自主性的工具。其中，第三条规则尤其值得注意，人们需要掌控的并不是命运或世界，而是需要控制自我以及个人的欲望和情感。笛卡尔在其著作中并没有具体说明什么是完美的道德。不过，在 1647 年 11 月 20 日的一封信中，他解释了为什么自己没有在道德问题上更坚定地表达观点。其中包括两个原因：首先，心怀恶意的人很容易在这些观点中找到污蔑他的借口；其次，他认为只有至高无上的造物主才有权规范他人的生活。

尽管如此，笛卡尔还是详细阐述了如何理解第三条规则。这些解释可以在《论灵魂的激情》一书中找到。这部作品在很大程度上来源于伊丽莎白公主的建议。手稿曾于 1646 年首次呈现给她。因此，笛卡尔与伊丽莎白的通信不仅涉及身心关系的形而上学问题，而且还涉及在这种关系背景下的现实问题。笛卡尔将这些现实问题理解为道德问题，因为其中关系到身体和灵魂的健康，目的是让人们在动荡和苦难中也能保持信心与乐观态度。伦理学的研究目标在于培养一种智慧，确保人们即使在应对纷乱嘈杂的外部干扰时，始终保持冷静，获得幸福。显然，笛卡尔代表的是一种可以追溯到古希腊时期的传统伦理观，将伦理学视为一种具有治愈性的生活方式。正如药物可以治愈身体上的痛苦，而道德则可以治愈灵魂上的痛苦。因此，道德和医学分别是知识树上的两个重要分支。正如在古希腊传统中，特别是在斯多葛学派哲学中，处理强烈的激情对此具有至关重要的意义。我们内心的平静和幸福并不会直接被外部事件破坏，通常都是毁于我们自己对外部事件的情绪反应。因此，在笛卡尔和公主之间的书信往来中，像悲伤、恐惧或忧郁这些情感问题占了相当大的篇幅，公主则饱受失落与疾病之苦。那么，人们该如何应对这些情感上的冲击，同时保持高度的平静与满足，并确保实现最终的幸福呢?

笛卡尔建议通过两个阶段来处理有破坏力的不良激情。首先，应该分散你的感官和想象力，远离强烈的激情及其产生的根源，专注于那些可以为你带来快乐或满足感的事情。这种认知疗法的效果应该体现为积极的情绪战胜不良激情，甚至克服身体上的不适感。笛卡尔曾向伊丽莎白讲述自己的亲身经历，当年他就是依靠这种认知疗法，成功解决了自己年轻时曾经命悬一线的健康问题，在那段时期，医生们甚至一度认为笛卡尔已经命不久矣。

不过，这种依赖转移注意力以及重新解释负面情绪的疗法并非总能成功，有时候还需要直面这些问题。这就是处理激情的第二个阶段。笛卡尔认为，这必须从智力和意志的角度加以实现，因为一旦激情达到最高强度，任何疗法都为时已晚。为此需要提前进行练习。练习的目的在于获得主观上的幸福，也就是获得一种内心的满足感，这种满足感并非来自幸福的外部环境，而是来源于自己的表现。这一成就的核心是由自由与坚定意志构成的个人美德，这意味着尽可能地实现我们认为美好的一切，同时还要全力以赴训练自己拥有这种判断力。为了借助健康的判断力应对主观上看上去很糟糕的状况或者干扰我们的情绪，笛卡尔列出一个出人意料地恪守传统、同时又很精简的"真理清单"，旨在帮助我们成为自己的激情的主宰者。这份清单包括全能而完满的上帝的存在、灵魂的不朽、宇宙的广袤以及相比之下我们人类在其中的渺小，还包括我们对自己所属庞大社会应该承担的责任。

很明显，这些真理具有将人类的主观命运放在更大背景下的功能。因为，按照笛卡尔的观点，激情经常倾向于过度放大自己的客体。人类的渴望经常为某种客体赋予超出实际水平的过高价值，而人类的恐惧则经常为某种客体赋予超出真实程度的恐惧。因此可以说，这是激情造成的一种虚假的幻觉，由此可以诱导我们采取行动。因为激情的任务是生存，所以它要为我们的身体带来对它有用的东西，同时竭力远离对它有害的东西。为了实现这一目标，激情有时会夸大到不可思议的地步。另外，理性必须能够判断激情对象的真实价值，以及激情对身心的实际用处。只有这样，人类的意志才能保持自由和独立，摆脱激情的过度干扰。跟他在《第一哲学沉思集》中阐述过的一样，笛卡尔在《论灵魂的激情》中也强调:“自由意志本身就是我们所能拥有的最崇高的事物，因为它以特定的样式使我们与上帝平等（《论灵魂的激情》第 152 条，AT XI 445）。”因此，我们可以超越阶级、性别和社会地位方面的一切差异，完全以坚持不懈和始终如一的态度服从自己做出的自由判断，从而尊重自己，并尊重他人。笛卡尔将这种同时尊重自己和他人的自由意志的指导理念称为 générosité，如果翻译过来，那应该是“自尊”或“慷慨”。

在《论灵魂的激情》一书的结尾，笛卡尔用下面这段话总结了自己的立场：

> 在这里，智慧是很有用的，它可以教会人们去做自己激情的主人，并且巧妙地对它们加以安排和控制，这样，这些激情可能引发的不良后果，就变得完全可以忍受了，甚至人们可以从所有这些事情中感受到一种快乐。(《论灵魂的激情》第212条，AT XI 488)

与求知领域相同的是，笛卡尔在道德领域的基本理念也认同主体具有认知自主性。激情经常扰乱我们，因为它夸大了客体的意义。如果我们想要摆脱激情产生的无理要求，就必须找到一种方法来保持我们的认知自主性，其中包括自由运用我们的理智，并使其成为人类意志的衡量尺度。

毫无疑问，笛卡尔在理论哲学（认知、形而上学、灵魂）和自然科学领域均被认为是伟大的开创者，但是在实践哲学（道德）的领域里，他还是恪守着非常传统的观点，即哲学必须为人们在处理激情、实现个人幸福时提供帮助。不过，即使在这两个层面，努力实现主体的认识自主性作为一种理想，始终都是笛卡尔哲学的驱动理念。

这种理想同样体现在笛卡尔的人生经历中。他从1630年起就一直定居在荷兰。对笛卡尔来说，17世纪的荷兰作为一个新教国家，不仅有一个充满活力的知识界（拥有一流的大学、图书馆以及学者），重要的是，这里让他感到自己脱离了天主教权威的势力范围。他曾加入过为尼古劳斯·哥白尼（1473—1543）的日心说体系进行辩护的行列——是伽利略·伽利雷（1564—1642）在《两大世界体系的对话》（*Dialogo sopra i Due Massimi Sistemi del Mondo*，1632）中率先发出了雄辩的声音。但是，1633年天主教会对伽利略进行的审判以及定罪也让笛卡尔倍感震惊，他担心自己也会遭受类似的命运。然而，即使他躲到了荷兰，也未能躲过抨击之声。例如，当时颇具影响力的神学家、后来成为乌得勒支大学校长的吉贝尔图斯·沃修斯（1588—1676）就曾经抨击笛卡尔的追随者、医生亨里克斯·雷吉乌斯（1598—1679），因为后者遵循的笛卡尔学说违反了教会的某些教义。特别是在1641年的一次辩论中，有一位雷吉乌斯的学生提出过一个观点：灵魂和肉体只是偶然形成了统一体。考虑到基督教关于灵魂不朽与肉体复活的教义，这种观点确实容易引发争议。于是，笛卡尔发现自己卷入了这场争论，为此他本人也遭受到了人身攻击，随着事态的发展，他和雷吉乌斯的关系也走向破裂。

1646 年，还有一位“女哲人”与笛卡尔进行过书面交流，她就是当时的瑞典女王克里斯蒂娜（1626—1689）。女王邀请这位哲学家到斯德哥尔摩，负责为瑞典皇家科学院起草章程。1649 年，笛卡尔搬到了瑞典，不过他很快就对自己的这一决定懊悔不已，因为他低估了当地的严冬，正如他曾经辛辣地写道：这里的冬天是如此严酷，以至于人们的思想也像水一样冻成冰了。此外，作为一位晚睡者，笛卡尔不得不在凌晨起来给女王讲授哲学课，这对他的心情和健康也是雪上加霜。1650 年 1 月，笛卡尔很明显地因此患上了严重的肺炎，并于 2 月 11 日在斯德哥尔摩与世长辞，享年 53 岁。

第二章
霍布斯：内战与自然状态

托马斯·霍布斯（1588—1679）刚好出生在西班牙无敌舰队沉没的那一年。当时恐怕没有人能想到强大的西班牙舰队竟会全军覆没，其实，此时的英国更担忧的是天主教的强大势力。这就是为什么霍布斯在回首往事时，曾经说自己跟恐惧是孪生兄弟。恐惧将不断掌控他的人生路程，因为他人生的大部分时间都与英国内战重合。

霍布斯在牛津大学毕业后很幸运，马上就成为威廉·卡文迪许[①]（1590—1628）的家庭教师。他陪着后者去过欧洲大陆，还进入过英国议会。即使在这位贵族学生英年早逝之后，霍布斯的生活仍然与作为保皇派的卡文迪许家族的命运息息相关。因为他对英国政坛剑拔弩张的局势相当熟悉，所以早在 17 世纪 20 年代末，他就预料到王室与议会之间的冲突以及不同教派之间的巨大分歧将导致英国陷入内战。事实上，英国内战爆发于 1642 年，并且在 1649 年以英国国王被斩首而告终。在以爱尔兰和苏格兰战争为标志的共和国时期结束之后，奥利弗·克伦威尔（1599—1658）于 1653 年作为“护国公”独揽大权。1661 年，断头君主的儿子作为查理二世登上王位。这也标志着斯图亚特王朝封建复辟的开始。不过，早已根基稳固的议会几乎不受影响。复辟势力试图重建专制主义和天主教权威的企图继而引发了 1688—1689 年的“光荣革命”，于是荷兰执政威廉·亨德里克·范·奥兰治（1650—1702）当选为英国国王，并实现了议会和王室之间的权力分割。这种确立于英国

① 威廉·卡文迪许：德文郡的英国世袭贵族（1552—1694 年为伯爵，从 1694 年起为公爵），所有继承头衔的男子都叫这个名字，如今已传承到第 13 代。霍布斯当年陪伴的是第二代德文郡伯爵。——译注

的君主立宪制一直持续至今，并通过《权利法案》（1689）得以巩固，同时还成为《美国宪法》（1787）和法国《人权和公民权利宣言》（1789）的范本。

从1640年到1652年，霍布斯一直在法国和荷兰过着流亡生活。他最重要的作品都发表于这一时期。1640年，他的《法律要义》（*Elements of Law*）手稿就已经流传开来。1642年，他出版了《哲学原理》（*Elementa Philosophiae*）的第三部分“论公民”（*De Cive*），1655年，又出版了第一部分“论物体”（*De Corpore*），然后直到1658年，才将第二部分“论人”（*De Homine*）公开发表。当然，霍布斯最著名的代表作还属《利维坦，或教会国家和市民国家的实质、形式和权力》（*Leviathan or the Matter, Forme and Power of a Commonwealth Ecclesiastical and Civil*，1651）。1668年又推出了此书的拉丁文版本。霍布斯回到英国后，不断卷入一系列政治、宗教和科学领域的争论。1675年，他从公众领域悄然隐退，专心从事荷马史诗的翻译工作。1679年，霍布斯去世，享年91岁。

在霍布斯的著作中，不仅上述哲学作品的大量内容涉及英国内战，他的历史作品也直接或间接地与那场内战相关。霍布斯在他的《比希莫特》（*Behemoth*，1679）

中，将自己对英国内战这一历史事件的观点与其政治哲学的核心理念紧密地结合在一起，他认为宗教必须由国家控制，国家主权必须享有至高无上的权力和权威性，否则将面临内战的威胁。如何预防此类战争的发生，始终是霍布斯政治哲学的核心主旨。在霍布斯看来，如果想避免这种冲突并确保政体的安全，唯一的手段就是将不可分割的国家权力实现制度化，必须保证国家权力对政治、意识形态和科学事务拥有最终决定权。

政治哲学的自主性

对霍布斯来说,首先是迫切需要建立一门独立的“政治科学”，并且还应该独立自主地建立在依据事实研究的稳固基础上，而不是依赖摇摆不定的各派政党意见。霍布斯坚信自己是第一个开创政治学的人。其中还有一则轶事，据说霍布斯当年开创政治学是因为受到欧几里得的“几何学”的启发，在一次意大利旅行时，他接触并迷上了几何学，并且认为政治学原理也应该像从公理中推导出几何公式那样可靠。当然，霍布斯也很清楚，作为一门学科，政治学不可能达到几何学在演绎方面的确定性，但必须不断追求这一理想。这也是几何学成为政治学研究典范的原因所在，因为它超越了“人们的野心、欲望和利益”（《利维坦》I.11.22）。与笛卡尔关于“认知自主性”的理想相同，霍布斯略带刻薄地指出：一味依赖习惯的人正像小孩一样，除开从父母师长那里接受的教训以外便没有其他的善恶行为的准则（出处同上）。

在《哲学原理》三部曲中，霍布斯按照下列结构设计出一种体系：最先发表的第三部分涉及的是政体性质和政治运行规律，其中政体组织都是由人组成的；因此，后来发表的第二部分就探讨了人类的本性与心理规律，人类的身体归根结底只是物理宇宙的组成部分而已；于是，第一部分围绕的是物体的性质与物理规律。霍布斯代表的是一种机械唯物主义世界观。在他看来，运动是物质宇宙一切变化的普遍原因。这些运动遵循了特定的规律。几何学通过点的移动来构造图形，例如，在平面上围绕一个静止点，通过等距旋转就可以绘制图案。这种运动方式受到构造法的约束，而物理学研究的正是物体按自然规律进行的运动方式。人类学研究的则是在激情驱使下的心灵运动。最后，政治是一种人类的运动，借助这种运动，还可以实现政体的制度化。

在《利维坦》一书中，霍布斯强调，物理学研究的是物体的性质和变化，而政治学研究的是主权者与臣民的权利和义务，因此政治哲学可以被理解为一门相对独立的学科。如果有人想重提霍布斯经常受到的指责，即根据他提出的自然哲学的唯物主义基础，很难归纳出规范化要求，那么就应该注意政治学作为独立学科的特点。其实只要仔细研究的话，就不难发现，霍布斯本人也没有提出过此类要求。因为《利维坦》这本书与唯物主义的形而上学理论没有任何直接关系，而是将政治哲学描绘成一门独立学科。作为科学门类之一，政治学不应该建立在物理学或神学的基础上，而应该像物理学一样，具有一门学科的独立属性。即使是《利维坦》前十章关于人及其激情与能力的人类学内容，其写作目的也都是以此为出发点阐述政治学理论。

自然状态与自我保全实现契约

霍布斯在《利维坦》中提出了一个堪称划时代的政治思想模式：契约论（Vertragsmodell）。因此，他也被认为是现代政治契约理论的创始人，这一理论旨在根据科学原则理解国家的性质、目的和正当性。契约论的核心思想是人与人之间为了相互保护和个人利益而订立契约的理念。依据这项契约，人与人可以组建国家权威机构，而该机构的宗旨就在于确保缔约各方的生存条件。

在霍布斯的政治哲学中，有一条最重要的公理就是“个体的自我保全”（individuelle Selbsterhaltung）。人们通常会根据自己对外界的印象形成个人欲望和厌恶。符合个人欲望的事物就是善，被自己厌恶的事物是恶。在这些心理活动的驱使下，人们运用自己的理性争取他们认为属于“善”（Gut）的事物，同时竭力避免遇到“恶”（Übel）的东西,或者斟酌自己为了实现某种“善”，应该忍受多少“恶”。归根结底，“善”应该可以用于实现自我保全，而“恶”则起到相反作用。因此，出于人类本性的需要，人人都在寻求自我保全。然而在霍布斯看来，自我保全不仅是一种人类学事实，也是每个人处于自然状态下本该享有的权利。

根据霍布斯的描述，自然状态应该是一种人人都在独立寻求自我保全，并且有权行使这一权利的状态。不过，霍布斯并不认为这里描绘的是一种现实存在的前国家状态。他更倾向于设计出某种蓝图：每个人都可以在没有文化制度与政治制度的情况下相互面对。值得注意的是，霍布斯提出的这种自然状态是以个人为单位，而不是以家庭为单位组成的，这也清楚表明他在提出理论时的建设性特征。另外，这种自然状态与具有真实内战特征的政治状态存在很多相似之处。因此，霍布斯将自然状态说成是一场“所有人反对所有人的战争”。这不仅意味着每个人都可以出于自我保全而拥有抢劫、伤人或杀人的自然权利，而且还意味着每个人都在不断担心自己的身体和生命受到威胁。这场所有人反对所有人的战争将包括各种暴力行为，而且还可能持续很久。这可不是人们想看到的情景，正如霍布斯在《利维坦》的一个著名段落中，对此做过精彩的描述：

> 在这种状况下，产业是无法存在的，因为其成果不稳定。这样一来，举凡土地的栽培、航海、外洋进口商品的运用、舒适的建筑、移动与卸除需费巨大力量的物体的工具、地貌的知识、时间的记载、文艺、文学、社会等都将不存在。最糟糕的是人们不断处于暴力死亡的恐惧和危险中，人的生活孤独、贫困、卑污、残忍而短寿。(《利维坦》1.13.9)

这种状态是一种真正的“恶”，我们必须不惜一切代价加以避免，否则我们根本不可能实现自我保全，也没有任何幸福可言。任何秩序肯定都比这种状态好。正是这种逼迫形成的强制性要求，与自我保全的自然权利（即对幸福的追求）就共同构成了制度规范化的起点。霍布斯通过提出自然状态理念，不仅彻底改变了政治哲学的未来，甚至还改变了政治哲学的过去。因为在此之前，传统的自然法主要规定的都是依据上帝意志颁布、人类通过理性认知的各种义务。但是对霍布斯来说，在自然状态下，人们只需遵从自然法（*natural law*），也就是说，每个人都有自我保全和为所欲为的自由。这是一项可以做出任何行为的普遍权利。当然，在自然状态中还有自然法则（*laws of nature*）。因此，根据自我保全的权利，一个人应该同意任何有利于自我保全的行为。由于所有人反对所有人的战争必将威胁到每个人的自我保全，因此产生了需要在自然状态下寻求和平的诫律（《利维坦》I.14）。

绝对主权、保留权与宗教

如果想克服这种自然状态，就需要签署一种契约。否则，人类摆脱自然状态的第二个机会就是臣服于其他政权。订立这种契约的目的就是确保避免发生所有人反对所有人的战争。通过该契约，所有人都将放弃做出任何行为的普遍权利。于是，“主权者”由此诞生。主权者是上述契约的人工产物。霍布斯将其称之为“活的上帝”（《利维坦》II.17）。主权者负责接管所有人自愿放弃的做出任何行为的普遍权利，从而享有面向所有人的权力——这些人也因此成为他的臣民。由此可知，主权者无须受到契约的约束，因为契约中已规定对自我保全权利的放弃。霍布斯还把主权者定义为臣民授权的权威（《利维坦》I.16）。令人惊讶的是，缔约方在向主权者授权时几乎毫无保留，当然，这也只是“几乎”，并不是意味着全部授权。主权者需要借助法律和暴力手段承担维护和平并预防内战的任务。与此同时，主权者只能针对违反法律的情况实施惩罚，没有法律就不能进行惩罚。而且，主权者不得强迫臣民违背自我保全的原则，更无权强迫臣民自杀或自残；此外，如果战争的目的并不是为了保卫国家，臣民则有权逃避兵役。

霍布斯坚持国家权力不得分割行使，因此他主张建立的是专制主义国家（《利维坦》II.18）。这样不仅可以避免由于权力分割在国家治理中造成的争端（《利维坦》II.29），还可以提高国家机构的效率。由于最高主权者无须受到契约的约束，处于法律秩序的管辖范围之外；

因此，他不能受到臣民的起诉，由此可以明显削弱上文描述的“抵抗权”——或者确切地说是“保留权”，因为这些权利在法律上无法执行。此外，令人不无遗憾的是，专制主义政权经常面临权力继承方面的问题（《利维坦》II.19）。

在《利维坦》一书中，有大量内容——在总计四卷本中占了两卷——都在围绕宗教主题展开论述。至于霍布斯与宗教的具体关系究竟如何，则始终充满了争议。很多与他同时代的人抨击他是可疑的无神论者。但是，霍布斯有时又会列举上帝存在的证据，还探索过上帝的不可知性。对他而言，宗教与国家之间的关系是政治哲学中的关键问题。根据霍布斯的观点，人们必须对天主教会的集权主张加以抵制，《利维坦》的第四部分《论黑暗的王国》就专门讨论过这个话题，同时他还提出抵制清教徒神权国家的掌权主张。霍布斯支持的是一种公民宗教（Zivilreligion），也就是一种将强制性教义降至最低限度的宗教，其中包括认同耶稣作为救世主的教义（《利维坦》III.42），并且主张在服从君主权力的限定范围内，享有宗教信仰的最大自由。

对霍布斯影响最大的，是左右近代哲学发展的三种力量：宗教战争、科学和数学。说他是世界政治思想史上的革命性人物，应该绝非过誉之词。与亚里士多德的观点不同，霍布斯并不认可“人是天生的政治动物”，他认为人是在自然的强迫下不得不卷入政治的。由于他支持机械唯物主义自然哲学，以及以自我保全为基础的政治哲学，霍布斯成为近代哲学界的“眼中钉”，经常受到各种激烈的抨击。此外，他在语言哲学中主张遵循严格的唯名论，认为思维是一种信息计算过程，他还提倡过建构主义 - 经验主义的科学哲学。霍布斯的政治哲学对斯宾诺莎产生了相当大的影响，后者在其政治思想中也宣称“自我保全”是唯一的自然权利，不过后来斯宾诺莎又放弃了这种契约论思想。总而言之，对于霍布斯的政治哲学，斯宾诺莎在很大程度上仍然持有一种批判态度。

第三章
斯宾诺莎：实体一元论

巴鲁赫·德·斯宾诺莎是近代早期第一位知名的犹太裔哲学家。斯宾诺莎于 1632 年 11 月 24 日出生在阿姆斯特丹。其父母都是塞法迪犹太人[①]社区的居民，这个曾经世居西班牙的群体是从 1537 年起陆续迁移到荷兰的，到了 1619 年，他们才被允许公开信奉自己的正统派犹太教。斯宾诺莎的父亲曾是一位受人尊敬的商

① 塞法迪犹太人：犹太民族三大支系之一（另外两个支系分别是德意志地区的阿什肯纳兹犹太人和中东、北非地区的米兹拉希犹太人），该支系长期居住在西班牙境内，曾经创造过辉煌的文化（被称为“塞法迪文化”），语言与生活习惯与其他犹太人颇为不同，从 1492 年起被西班牙陆续驱逐到南欧各国。——译注

人，虽然身处自由主义盛行的阿姆斯特丹，但20岁之前的斯宾诺莎一直生活在犹太社区的封闭环境中。直到1654年，斯宾诺莎的父亲与世长辞，他才开始接管家族生意，同时在前耶稣会修士、自由派思想家弗朗西斯库斯·凡·登·恩登（1602—1674）的学校进修拉丁文，估计他就是在这里初次接触到了笛卡尔的哲学思想。新学校和笛卡尔思想，这两种新事物让他结识了基督徒，而这些基督徒早已背弃了正统派的基督教教义。于是，受其影响，斯宾诺莎似乎也很快远离了自己身边的正统派犹太教，转为信奉自然主义和一元论的思想，由此也导致他在1656年7月27日被逐出犹太教会，并且受到严厉指责，再也没有机会重新恢复教籍。

1659年，斯宾诺莎开始在当时已成为笛卡尔主义研究中心的莱顿大学学习。从17世纪60年代初期起，他依靠研磨镜片维持生计，这些镜片的出色质量曾经备受当时科学家（包括莱布尼茨）的广泛赞誉。在这一时期，他写出了《知性改进论》（*Tractatus de Emendatione Intellectu*）一书，还用荷兰语写了一部《神、人及其幸福简论》（*Kurze Abhandlung von Gott, dem Menschen und dessen Glück*）。斯宾诺莎第一部公开出版的著作要等到1663年，也就是论述笛卡尔哲学的经典之作：

《笛卡尔哲学原理》(*Renati Des Cartes Principiorum Philosophiae*)。斯宾诺莎自己的哲学思想只在此书的附录中有所阐述，其中有部分内容我们可以在《知性改进论》中看到。斯宾诺莎本人将这本书视为便于让读者理解更激进思想的预备之作，这些思想是他在1665年的代表作《伦理学》(*Ethica Ordine Geometrico Demonstrata*，全称为《用几何学方法作论证的伦理学》)初稿中提出的。不过,在《伦理学》尚未最终完成之际，斯宾诺莎的研究方向曾经一度转移到政治哲学和宗教哲学。在《神学政治论》(*Tractatus Theologico-Politicus*，1670)一书中，我们可以看到他对思想自由的大声疾呼，以及对宗教权威的大胆谴责，当然随后就引发了激烈的反响，此书很快就被禁止销售。

到了17世纪70年代初,斯宾诺莎开始对《伦理学》一书进行全面修订。1673年，让他意想不到的是，自己竟然收到一封提供海德堡大学哲学教授职位的招聘函。不过他对此明确表示拒绝，因为他不想在自己的哲学研究过程中涉足现有的宗教。1675年，斯宾诺莎终于完成了《伦理学》一书的修订工作。

这部作品最终分为五个部分，首先他对本体论的基本理论以及形而上学问题进行了全面解释（第一和第二部分），然后论证了自然哲学（第二部分）和哲学心理学作为情感理论的依据（第三和第四部分），最后在第五部分探讨了严格意义上的伦理学问题。这本书的全部理论都采用“几何方法”论证而成，也就是说，这一理论体系至少在演绎推理结构上非常严谨，其中的定理都是通过少数几则定义和基本公理推导出来的。

不过，斯宾诺莎在经历了《神学政治论》的风波之后，尽量避免在自己有生之年出版这部激进之作。相反，他开始埋头撰写另一部关于政治哲学的作品：《政治论》（*Tractatus Politicus*），遗憾的是，还没等这部作品写完，肺病就要了他的命，而这可能是由于多年研磨镜片时产生的灰尘所致。斯宾诺莎于 1677 年 2 月 21 日在海牙去世，这也是他从 1669 年以来一直居住的城市。

斯宾诺莎去世后的第二年春天，他的朋友们没有畏惧教会和政府的权威，同时出版了拉丁文和荷兰语版本的《伦理学》（书中还收录了《知性改进论》和《政治论》以及一篇关于希伯来语语法的文章），书名为《遗著集》（*Opera Posthuma*）。官方立即对此做出愤怒的回应；但是，这并没有妨碍此书赢得热情的读者，比如年轻的莱布尼茨，他在两年前曾经去阿姆斯特丹拜访过斯宾诺莎，因此在这部作品出版后不久，他就开始对其进行细致研究。

斯宾诺莎对笛卡尔的批评

那么，斯宾诺莎提出的哲学思想主要包括什么内容？为什么当时有很多人认为他太过激进？斯宾诺莎首先是一位理性主义者：他在这方面甚至比笛卡尔更坚定，在持之以恒地将现实合理性作为哲学研究基础方面，大概也只有莱布尼茨可以接近他的水平。这一假设尤其是近代早期理性主义的核心方法论——“充足理由律”(Prinzip des zureichenden Grundes)——的必要前提。这一定律的主旨是，对世间万物都可以做出某种完整的、合理的解释（即充足理由）。

如果想了解这一定律到底有多重要，最简单的方法就是将斯宾诺莎对笛卡尔的批评作为研究的起点。在笛卡尔哲学中，引发斯宾诺莎批评的主要是两种相互关联的思想：一个是笛卡尔的实体概念，另一个是身心二元论。斯宾诺莎质疑后者，为什么精神状态和身体状态的关系必须被理解为不同实体的状态？为什么不能是同一类实体的状态？笛卡尔研究得出的广延性与思想属性之间的不相容性，并不是这两种属性的特点必须适用于各类实体的充分理由。根据斯宾诺莎的观察，广延和思想是属于同一实体的两种属性，只是描述的着眼点或观察视角（属性）有所不同而已。实际上，笛卡尔也曾经区分过这些视角或属性，但对他来说，这些差异完全来源于相关实体的多样性。重要的是，笛卡尔并没有为这一额外假设提供任何理由！因此，这里就违反了充足理由律。

相比之下，斯宾诺莎在进行批评时的思路更为严谨扎实。在他看来，笛卡尔之所以无法给出上述理由，可以归咎于这种实体概念所具有的先天不足。通过上文我们已经知道，笛卡尔的实体概念起源于亚里士多德思想。这种概念的一个重要观点是，从本质上看，实体是一种属性的主体（或者说是属性的依托），但其自身不能是属性（属性论）；但是，实体可以脱离其他实体而独立存在（独立论；参见笛卡尔的《哲学原理》I.51，AT 8A，24）。为此，斯宾诺莎指责笛卡尔在理解实体概念上失之偏颇，存在前后不一致的问题，因为它允许出现了“有限实体”（endliche Substanzen）。

斯宾诺莎在其作品《伦理学》的开头，就已经将实体定义为“在自身内并通过自身而被认识的东西”（E1d3）。如果说“属性就是构成实体的本质的东西”

（E1d4），那么实体的次要特性、状态或者样式（Modi）则是“在他物内通过他物而被认知的东西”（E1d5）。实体是“内在”的并且以“内在”模式存在的东西，这完全符合实体概念的属性理论。但斯宾诺莎认为，由此可以得出实体的独立论，这与实体的第二个特征密切相关：实体应该是“通过自身而被认识的东西”。这种联系到底是什么？按照斯宾诺莎的观点，存在与认识（理解）是密不可分的："**认识**结果有赖于认识原因”（E1ax4），因此，“结果”肯定与其“原因”之间存在共同之处。没有结果的东西（因此也不是“在他物内”）只能通过自身而被认识。因此，这就是实体。

在《伦理学》的第一部分，斯宾诺莎试图表明：如果按这种方式解释实体概念，那么得出的结论必然是，世界上只有一种实体，而且只能是无限的，他尽量保持客观地认为这个实体就是上帝。与假设存在多种实体（当然，其中只有一种是无限实体，即上帝）的笛卡尔不同，斯宾诺莎是“实体一元论”者：实体的概念意味着只能存在一种实体。然后以此为基础，斯宾诺莎阐述了自己的系统方法。

为了证明世界上只能存在一种实体，斯宾诺莎首先指出，实体只能通过不同的属性或者不同的变样（状态）

区分彼此（个体化，E1p5）。不过，从本质上看，实体可以“通过自身而被认识”，无须考虑其样式，因此样式不能在它们的个体化中发挥作用（E1p5d）。在这种情况下，对一种实体只能根据其属性进行个体化区分。

在接下来的论证中，斯宾诺莎认为实体“由自身本性的必然性而存在”（E1p7）：实体是它们自身的原因，也就是说，实体的本质即包括存在（E1d1）。一个实体不可能由另一个实体所产生，因为这相当于假定它们拥有同一个属性，但是，由于作为（产生的）结果的实体，肯定与其原因具有共同之处——“认识结果有赖于认识原因”。那么，如果这两种实体有同一个属性，同一个属性将表达这两种实体的全部性质，也就是产生的实体与被产生的实体。于是，这也就意味着无法区分这两种实体了（E1p6d，E1p6c）。因此可以得出结论：存在就是实体的本性，实体就是自身的原因（E1d1）。

现在进入论证的最后一步。因为在《伦理学》的开头，上帝就被定义为由无限“多”的属性组成的实体（E1d6），并且作为最高的实体，上帝必须包含所有可能的属性（E1p9），那么上帝就必然存在（E1p11）。于是，现在可以得知，除了上帝之外，其他实体无法拥有任何其他属性，否则它们就会拥有连上帝都没有的属性了，由此将造成上帝甚至都不具备最高实体的属性。因此，任何其他实体都只能与上帝共同拥有同一个属性，唯其如此，这些实体才能具有上帝的本质，并且融入上帝本身之中。综上所述，我们可以为这番推理得出最终的结论：世界上只有一个实体，它同时理解所有的现实，因此以具有无限多的属性为特征，所有这些属性都表达了它的本质——而这种实体就是上帝。由于上帝的本质是永恒的和不变的，包含了宇宙间所有的现实，是世界的总和，万事万物必然都是上帝存在的一部分：除上帝之外，别无他物，因此没有什么是偶然的（必然性理论，E1p29，E1p33）。

上帝实体、属性和样式

上述论证还直接关系到笛卡尔的二元论思想。虽然斯宾诺莎也对身体和灵魂加以区分，但将这两者定位为“属性”（Attribute），而非实体。因为属性完全可以通过本身加以识别，因此在概念上和因果上均可相互独立（E1p10），任何一种独立的属性均可“以自己的方式”表达一种实体的全部本质，同时不会对该实体的其他属性造成任何影响。因此，在上帝身上，他所拥有的无限多属性之间不存在任何冲突。其中，有两个属性也是我们人类可以获得的，也就是笛卡尔提出的广延属性与思想属性。因此，被笛卡尔视为不相容的（以广延为属性的）身体与（以思想为属性的）灵魂，其实可以被看作是同一实体的两个不同方面，虽然并不能完全排除两者之间可能存在的不相容性。

综上所述，我们可以看出，斯宾诺莎的上帝概念与人们平时所说的上帝概念毫不相干。对他来说，上帝或实体并不是“被自然产生的自然”（natura naturata），“被自然产生的自然”只不过是上帝各种变样的总和，而上帝则从根本上产生了这些样式，即“产生自然的自然”（natura naturans）。这是斯宾诺莎泛神论的核心理念。

如果说所有的这一切都是上帝实体作为主体所拥有的无限多的不同变样，那么，个体与个人只不过就是上帝实体的某些样式的集合物。跟上帝拥有的任何样式一样，对那些构成我们人类以及其他所有个体事物的样式，也必须通过无限多的角度加以观察，但对人类来说，这只是一种广延和思考。因此，我们可以按照斯宾诺莎的理论，将其划分为物质现实和精神现实，两者可以被视为同一类变样，同时也是上帝实体所拥有的无数变样之一。

斯宾诺莎的某些观点与笛卡尔完全相同：精神现实可以被视为思想的世界，物质现实可以被视为广延的世界，后者也是机械论自然科学的研究对象。因此，对斯宾诺莎来说，如果我们根据思维的属性观察人类的思想，这些思想只不过是实体的样式。由于广延与思维只是同一个实体和同一个样式的不同属性，因此就形成了斯宾诺莎的"身心同一论"（Identitätsthese）：每种思维样式都对应一种广延样式（E2p7s）。

于是，斯宾诺莎推导得出：这两个属性不仅代表了这种实体的同一个样式，而且还可以理解为包含了两种不同的解释原则，尽管两者之间存在差异，但是在基本结构上肯定具有同一性。如果说通过广延－物质的视角对无限实体进行解释的原则依据的是其样式的**因果**（kausale）联系，那么，对精神现实的解释原则依据的就是我们在理解该实体时参考的**因与果**（Grund und Folge）的联系。如果两者最终描述的是同一个现实（实体），那么它们肯定也会反映出相同的结构。现实的理性结构和因果结构必然是平行的，因为它们从不同的角度描述了同一个实体及其变样。因此，在"身心同一论"之外，斯宾诺莎还提出了一个"身心平行论"（Parallelismusthese），其中提到"观念的次序和联系与事物的次序和联系是相同的”（E2p7）。事物的次序是一种完全取决于因果关系的次序。与此相应的，原则上可以将观念的次序描述为因与果的次序，各种观念本身也处于因果关系之中。

与笛卡尔不同的是，斯宾诺莎并不认为在广延与思想之间存在任何因果关系。因为每个因果联系链都必须是自成一体的（E2p6）。这种因果关系的完满性是根据我们已经分析得出的“属性完满性”得知的（E1p10）。例如，某种思维样式的某一观念产生时，不能将其解释为“是通过身体样式产生的观念”；而必须这样进行解释：这种状态是通过一种思维样式实现的。

根据这一论证产生的图景是同一种基本现实在两种不同视角下形成的图景之一。不过，由此产生的问题是，在这种情况下，与非精神的事物有什么关系呢？因为我们的观念毕竟属于精神样式。只有通过我们的观念，才能让这些样式拥有特定的内容，在处理事物时找到合适的定位，才能让我们在思考（感知、渴求）过程中找到事物的关联。在这一过程中，当然可以涉及其他的观念：它们同属于一个类型，也就是说，可以将其视为具有同一个属性。但是，我们如何通过思想与身体的世界联系起来？换句话说，我们如何才能在精神上代表广延的现实？

一元论思想体系与知识类型

斯宾诺莎将人类精神状态（观念）与广延现实之间的表征关系视为任何广延样式与思维样式之间存在的一般性表征关系中的一个特例。同一种样式有时候可能被理解为一种身体状态，有时候可能被理解为一种观念——这种观念的内容首先代表的就是这种身体样式。因此，在这种样式中，一个视角（思维属性下的视角）可以代表另一个视角（广延属性下的视角）。对此，斯宾诺莎认为，观念已经向我们展示，身体情状与观念在本质上具有一致性（例如 E2p16c2，E3p14d）。

但是，这种说法并不能解决我们的意向性问题（Intentionalitätsproblem），因为根据以上论证，某种观念在人类的思维中首先体现的是人类身体的一种状态（例如大脑的状态），而这种状态与该观念具有一致性。但人类的精神表象的内容与大脑状态经常并不相同。因此，我们该如何在广延的现实中表现那些跟我们不尽相同的事物，这仍然是个问题。其实，可以为斯宾诺莎提供回答这个问题的素材是现成的。正如我们已经知道的，所有的样式都是结果，并且都会包含关于样式形成原因的信息（E1ax4），同时还会对这些原因做出提示。因此，一个观念的内容应该也包括对身体情状形成原因的信息。比方说，当我们看到一朵玫瑰，这朵玫瑰就作为一个广延实体在我们体内形成一种身体情状，这与我们对这朵玫瑰的感知观念是相同的。因此，这种意向性的表征关系是由两种指示关系组成的：一个是观念与身体情状之间的指示关系，另一个是身体情状与其（不同于人体的）外延原因之间的指示关系（E2p17s）。意向性是一种复杂的指示关系，它同时利用了斯宾诺莎理论体系中的“身心同一论”以及存在与知识之间的紧密联系！

现在需要的是一个可以全面解答问题的答案，即如何辨别“有代表性的观念”（repräsentierende Ideen）是真是假，简而言之，这是一个探寻认知可能性的问题。现在我们知道，所有的样式都是结果，对结果只能通过其原因进行认知，因为作为任何因果链的一个环节，每种样式都包含了关于其原因的信息，不仅包括关于直接原因的信息，还包括关于将其引入因果链的任何其他环节的信息。因此，如果我们想深入了解某件事，就必须了解其形成原因，也就是说，我们必须确保足以解释该事物形成过程的前因后果。我们只有完全掌握了这些原因的因果链，我们的观念才能与其对象保持一致，由此才能确保观念的真实性（E1ax6）。

可是，我们怎样才能知道已有的观念是否充分理解了待认知的事物？跟笛卡尔一样，斯宾诺莎制定了一个标准，他没有将观念与外在事物联系起来，而只是围绕观念本身的结构进行论证：如果观念本身模糊不清，那它就不是真实的。只要观念始终处于混乱的状态，那它就不可能是合理的，因此必然是错误的（E2d4，E2p35）。对我们来说，如果想要获得合理的认知，需要通过两种途径实现：一种是通过（斯宾诺莎定义的）理性知识或者对共同概念进行认知，另一种则是完全通过直觉进行认知（例如 E2p40s2，E2p41/42）。

通过共同概念获得的知识就是从“人人所共同具有的”的观念中获得的知识，因为这种知识肯定可以被所有人“清楚明晰地知觉着”（E2p38c），因此可以被视为根据完整的因果解释获得的知识：只有这种知识才是所有事物共有的，依靠这种知识，可以将所有事物都追溯到第一原因。因此，这种知识不仅可以为我们提供关于广延属性或思维属性的知识，还可以为我们提供关于上帝神圣本质的原则知识，这种知识既表现在广延属性中，也表现在思维属性中（E2p47）。

而直觉知识是通过“由神的某一属性的形式本质的正确观念出发，进而达到对事物本质的正确知识”（E2p40s2，E5p25）。斯宾诺莎借助一个数学范例解释了这两种知识类型之间的区别：我们可以笼统地描述数字之间的比例关系，并从中推导出具体的比例关系（依据我们通过共同概念获得的知识）。但对于简单的数字关系来说，这些推理均属多余之举：例如有 1、2、3 三个数于此，人人都可看出第四个比例数是 6（即“3 和 6 的比例关系符合 1 和 2 的比例”），“这比任何证明还更明白”（E2p40s）。斯宾诺莎认为，对所有个体事物都可以实现类似的、直接的、又极为清楚明晰的认识。

在直觉知识中，我们可以“在永恒的形式下”（E5p29）理解个体事物的本质，其中也体现了上帝的本质，因此可以“从神圣的自然之必然性去加以认识”（E5p20s）。我们从“产生自然的自然”中理解“被自然产生的自然”。根据斯宾诺莎的看法，只有这种知识可以“产生心灵的最高满足”（E5p27），不仅可以帮助人们从造成一切谬误的错误观点或偶然属实的观点中解脱出来；更重要的在于，直觉知识还可以将我们从身为“有限存在”所受的桎梏中解放出来。

于是，我们现在可以理解斯宾诺莎为什么把自己的作品理解为一种伦理学：因为唯有理解直接来自神性的事件的必要性，才能在面对“神之自然”决定世间万物时拥有一份自由。通过直觉上的认知，我们人类可以认识到自己是包罗万象的精神现实与身体现实的一分子，是“神之自然”的体现，由此也体现了上帝的神圣本质的存在，在这个意义上，上帝作为精神存在已具有永恒性（E5p31，E5p36，E5p38，E5p41）。

对斯宾诺莎来说，自由意味着需要依靠理智克制情欲，只要我们从情感中解脱出来，我们就可以过上有德性的生活。但是，这种德性本身并不是目的，而是植根于我们感受到的幸福，前提是我们通过直觉认识到神圣的本质（Wesen Gottes），并且将这种幸福理解为神圣本质的一种体现，从而将必要的规则视为我们人类本性的必需之物。我们人类具有自主性，因为我们可以认识到自己的存在乃是神之自然的体现。通过理解自身存在的这种必然性，我们就已经摆脱了情欲，因此，我们可以自由地拥有德性的生活，并享受幸福。

第四章
观念论与“在上帝之中看到一切”：阿尔诺和马勒伯朗士的争论

就在斯宾诺莎去世以及《伦理学》出版之后没几年，17 世纪规模最大的一场知识分子辩论在两位笛卡尔主义的代表人物之间爆发了，并且延续了很多年。起因是安托万·阿尔诺（1612—1694）在一本名为《真假观念》（*Über wahre und falsche Ideen*，1683）的书中，批评了他早年的朋友尼古拉·马勒伯朗士（1638—1715）关于认识论和形而上学观点的论文。其中，阿尔诺最初批评的真正目标并不是后者的观念论，而是这种观念论在神学思想上造成的后果，而这与阿尔诺的神学理念格格不入。阿尔诺和马勒伯朗士都认为自己是笛卡尔派哲学的代表人物，至少在精神上是笛卡尔式的，虽然两人在具体阐述中并不总是如此。

我们在介绍斯宾诺莎的生平时曾经提到过，笛卡尔主义是在《第一哲学沉思集》出版后兴起的，在当时已经成为占据主导地位的哲学流派，相关著作包括其内容广博的附录、《反驳和答辩》(*Einwänden und Erwiderungen*, 1641/1642)，尤其是笛卡尔的《哲学原理》，并且在《第一哲学沉思集》的理论基础上，发展出一种新型的机械论自然观。直到 17 世纪 80 至 90 年代，这一学派始终保持着这种主导地位。至少在马勒伯朗士和莱布尼茨的著作中，还在延续笛卡尔的理性主义立场(在他们之前的斯宾诺莎也是如此)，而约翰·洛克发表的《人类理解论》(*Essay Concerning Human Understanding*)则选择了一种新型的经验主义立场。

安托万·阿尔诺与波尔–罗亚尔学派

在笛卡尔主义中，最有影响力的代表人物就是安托万·阿尔诺。当笛卡尔的导师马兰·梅森（1588—1648）请他为笛卡尔的《第一哲学沉思集》撰写反驳意见时——这些意见连同笛卡尔写的答辩都被收录在此书的第一版（1641），他就已经接触过笛卡尔哲学。（除了阿尔诺的批评性评论外，托马斯·霍布斯、皮埃尔·伽桑狄和梅森本人的反驳意见连同笛卡尔的部分详细答辩都被单独印制成书。）阿尔诺来自一个有影响力的低阶贵族家庭。他曾在索邦大学进修神学，没过多久就开始在那里任教，并成为一名天主教神父；他还从事过数学和哲学方面的研究。在饱受争议的神学改革人士、伊普雷主教康内留斯·詹森（1558—1638）的《奥古斯丁》（*Augustinus*，1640）出版后（这部包罗万象的著作同时也是詹森主义的开山之作），阿尔诺公开发表文章，积极支持詹森派神学，并成为这一天主教复兴运动的著名代言人，这一运动以基督教早期教父奥古斯丁的“恩典论”教义为宗旨，反对耶稣会的教义，作为一位始终充满热情却又备受争议的学者，阿尔诺终其一生都在全力支持詹森派运动。在耶稣会的教义中，始终认为个人责任与向善倾向应该是人的基本特征，同时明确反对马丁·路德的恩典教义，而詹森主义者则坚持奥古斯丁主义的人性论，认为人性本恶，需要依赖上帝的恩典，但是，人类作为有限的存在，却始终无法认识到上帝的真实存在。

离凡尔赛不远的波尔－罗亚尔修道院很快成为詹

森主义的活动中心，安托万的姐姐安杰利克·阿尔诺（1591—1661）是这里的院长，她也是神学改革的支持者。许多詹森派教徒作为世俗人士隐居在这所修道院的旧房子里，过着僧侣般的生活，同时却不受清规戒律的约束。这一群体的成员还包括哲学家皮埃尔·尼柯尔（1625—1695）和数学家兼哲学家布莱瑟·帕斯卡（1623—1662）。詹森主义者通过与法国的高卢主义者开展合作，支持法国天主教会摆脱罗马教廷的独立愿望，并且拒绝服从红衣主教黎塞留与国王路易十四代表的绝对君主制，逐渐赢得了政治上的声望。因此，詹森主义者不仅与声势显赫的耶稣会以及法国君主集团发生冲突，而且与罗马教廷也产生了矛盾。詹森主义者的许多作品都被列入禁书清单，其中也包括阿尔诺的神学论战文章，他在这些作品中为詹森派的思想积极辩护，反对所谓的“异端”指控。同时，詹森主义者在信仰中还包含了很多政治隐喻，而这在专制主义的法国是严厉禁止的。随着几次活动浪潮的开展，这场天主教复兴运动受到的压制越来越严厉，1665 年，该运动在法国的代表最终面临着签署终战声明或者离开法国的选择。

由于对詹森主义的信仰，阿尔诺不得不在 1656 年离开奉行耶稣会经院哲学的索邦大学。就像笛卡尔当年一样，思想自由的荷兰为许多詹森主义者提供了避难场所，其中包括皮埃尔·尼柯尔和安托万·阿尔诺。早在 17 世纪 60 年代初，两人就以匿名的方式写过一篇恪守正统笛卡尔主义的文章，名为《逻辑或思维的艺术》（*Logik oder Kunst des Denkens*，1662）。这部又名《波尔 – 罗亚尔逻辑》（*Logik von Port-Royal*）的作品包含了关于认识论的概念逻辑，后来成为有史以来最具影响力的逻辑学著作之一，其学术地位直到 19 世纪末现代逻辑学崛起时才被取代。笛卡尔关于人类精神状态具备语言独立意识的论断是这一逻辑的理论基础。语言是风俗的产物，它只能用于表达人们的思想，在理想情况下，还应该体现出思想的结构。因此，逻辑学的任务之一就是通过语言批评使这种功能得以实现，因为它不仅可以保证基本判断和结论在形式上的正确性，而且——与现代逻辑学概念完全相反——还可以保证内容上的正确性。（关于语言的类似观点在早期近代哲学中比较常见，而且并不限于理性主义学者。例如在约翰·洛克的《人类理解论》第三卷中也出现过这种观点。）

马勒伯朗士、阿尔诺和全能的上帝

马勒伯朗士并不是单纯的笛卡尔主义者。例如，在1699年巴黎科学院的就职演讲中，他就曾在这种引人瞩目的场所公开批评过笛卡尔的光学理论。然而，在重要的哲学领域，他还是借鉴了笛卡尔的思想，对马勒伯朗士而言，笛卡尔是他在索邦大学不得不学习令人厌恶的经院哲学必修课之外的唯一选择。马勒伯朗士出身于一位宫廷高级官员的家庭，早年因身体畸形而患有慢性呼吸疾病，因此在17岁之前一直跟随家庭教师接受教育。1654年，他进入巴黎的拉马奇学院学习。两年后，又开始在索邦大学进修神学，不过，到了1660年，他改换门庭，加入巴黎一个由神学家组成的宗教团体奥拉托利修会（Oratorium）。1664年，他被任命为天主教神父。奥拉托利修会的神学人士格外注重对《圣经》的原文加以研究，主张复兴基督教教父时期的理论学说。在这种学术环境下，马勒伯朗士也开始接触奥古斯丁的原著，并由此对自己的哲学发展产生了至关重要的影响，特别是奥古斯丁关于自由意志的教义和光照论思想，推动实现了人们对被动的人类精神的认知。

另一个对马勒伯朗士影响比较大的哲学思想来源是

笛卡尔的作品，1664 年，马勒伯朗士第一次读了笛卡尔的《论人》（1662），堪称其人生的一个转折点，此书作为笛卡尔生前写完但死后才出版的作品，依据因果机械论与反目的论（因此也是反亚里士多德的）的思想描绘出一幅“人类图景”，为马勒伯朗士在亚里士多德经院哲学之外提供了另一种选择。从那时起，他开始逐步构建自己的哲学思想，十年后，他在《真理的探索》（*Von der Erforschung der Wahrheit*，1674/1675）一书中向公众展示了自己的理论成果。他试图参照自己接受的神学教育，将笛卡尔的基本见解与个人哲学思想结合起来。

虽然马勒伯朗士跟阿尔诺一样对奥古斯丁推崇备至，但他并不认同奥古斯丁的下列观点：人类在圣灵的光照下可以直接融入上帝的思想之中，即“在上帝之中看到一切”。在马勒伯朗士看来，真正的思想应该是上帝的神圣思想，而不是将我们与上帝观念联系在一起的人类自己的思想。对于保守的詹森主义者阿尔诺来说，这种对上帝真实事物的认识，因此在部分程度上也是对上帝进行的全面认知，肯定是无法接受的。因为在他看来，人类的精神根本就不可能理解上帝无限的精神。与马勒伯朗士相比，阿尔诺在这一观点上更接近笛卡尔关于上帝的不可知论和绝对全能论。正如我们已经了解到的，笛卡尔认为人类可以通过运用自己的自由意志力来接近上帝的完满性。按照笛卡尔的观点，上帝的完美和绝对全能恰恰体现在神圣意志的无限性上。然而，这并不意味着我们有能力洞察上帝的无限意志与完美智慧。

这种在神学思想上的分歧就是上文所说的争论的真正主题，这场争论一直延续到1694年阿尔诺去世，甚至在此之后又持续了一段时间。直到1709年，马勒伯朗士还在直接针对阿尔诺发表这一主题的文章；有很多同时期的其他学者也在公开和私下对此发表过评论，其中包括塞维涅夫人（1626—1696）、皮埃尔·尼柯尔、伯纳德·丰特内尔（1657—1757）、弗朗索瓦·费奈隆（1651—1715）、保守派主教雅克–贝尼涅·博须埃（1627—1704）、受经验主义影响的笛卡尔主义者皮埃尔–西尔万·雷吉斯（1632—1707）、早期启蒙思想家皮埃尔·培尔（1647—1706），还包括洛克和莱布尼茨。

这场论战是随着1680年出版的《论自然和恩赐》（*Abhandlung von der Natur und der Gnade*）掀起的，马勒伯朗士在这本书中指出，虽然我们无法充分理解上帝的意图，因此也不能理解他的意志，但是我们可以理解他的观念，因此也可以从各个角度领悟他的智慧。对此，阿尔诺则认为，这种将意志与理性的区分用在无限实体上的做法很不合理。事实上，对马勒伯朗士来说，这种区分方式在部分程度上也为他造成了困扰许久的神正论（Theodizee）谜团，这在近代早期是很不寻常的。因为对上帝的理性和意志加以区分，会导致上帝的思想客体和意志客体在概念上出现差异。而这种差异，正如后来莱布尼茨所说的，可以被理解为“是上帝从众多可能世界中挑选出的最好的一个”，但这并不是唯一可能的选择。因此，马勒伯朗士认为最好的选择不需要是最完美的。除了完美，简单也是一个重要的衡量标准，根据马勒伯朗士的说法，简单与完美应该成反比。造物主创造的世界虽然并不完美，但却是最好的，因为这个世界代表了简单与完美之间的最佳折中。而且，因为造物主实际创造的世界远不够完美，所以即便是在最好的世界里，苦难以及其他邪恶也时有发生。

这种理论实际上主张的是“上帝力量有限论”，这与阿尔诺依据笛卡尔思想奉行的“上帝绝对全能论”明显格格不入。不过，在阿尔诺针对这一主题做出的首次公开表态中（也就是上文提到的《真假观念》一书），他还没有直接批评马勒伯朗士在《论自然和恩赐》中提出的理论，而是将矛头指向该理论背后的认识论和形而上学观点。而这些观点都是马勒伯朗士在六年前发表的《真理的探索》中提出的，当年并没有激起阿尔诺的愤怒。直到他在《论自然和恩赐》中看到上述理论引发的神学后果，才开始警觉起来，认为自己发现了如今务必要加以重视的“危险”观点。

观念论与偶因论

这种认识论到底有什么问题？我们已经知道，马勒伯朗士认为，我们只有通过“在上帝之中看到一切”，才能真正了解一切事物的本质。这种本质观的基础是世间万物与上帝的可识别关系。（这里参照柏拉图的“洞穴隐喻”绝非偶然，估计可以追溯到奥古斯丁对柏拉图思想的传承。）对马勒伯朗士来说，真正的思想应该是上帝的神圣思想，而不是将我们与上帝观念联系在一起的人类自己的思想。他之所以提出这一观点，依据的是我们已经知道的笛卡尔式区分方式：对观念的观察视角可以分为“质料观察”和“客观观察”。简而言之，对笛卡尔来说，观念在本体论上只能被视为有限思想实体的样式，也就是人类灵魂的样式。这是人类的质料存在方式，从这个角度看，各种观念之间没有什么区别。但是，作为精神样式，每种观念都各自包含特定的内容，并涉及特定的主题。这是观念的客观存在方式，由此才能将每种包含特定内容的观念与所有包含不同内容的观念区分开来。

于是，马勒伯朗士通过将“质料观察”和“客观观察”转变为不同的存在方式，导致这种区分方式愈发激进。在他看来，观念在上帝的精神中客观存在着，并由上帝将观念的内容揭示给我们。这些内容是抽象的，没有时间性，同时具有普遍性特征。这就是真正的“在上帝之中看到一切”：有限主体对（原始）观念的感知。

根据这一启示，我们现在可以感知自己内心的具体感受以及各种感官感受，就像这些观念揭示给我们的那样。这些感觉分别对应观念的实质性观察结果，按照笛卡尔的观点，这些观念只是各种思想的变样。其中，上帝不仅通过让我们融入他的观念来启迪我们，同时还确保我们人类有能力产生质疑的感觉，然后让这些感觉与各自对应的观念结合在一起，从而形成一种感官感知，即某种事物可以被感知为特定的事物。因此，感觉并不是由人们感知到的客体形成的，而是上帝自己在“偶然”感知到广延实体的情况下产生的。因此，这种关于因果关系的推论被称为“偶因论”（Okkasionalismus）。

早在马勒伯朗士提出这一理论之前，就已经有多位笛卡尔主义者支持过偶因论思想，例如路易·德·拉福尔热（1632—1666）、热罗·德·科尔德穆瓦（1626—1684），尤其是阿诺德·赫林克斯（1624—1669）。不过，我们有时候无法确定这些思想家是否跟马勒伯朗士一样都属于正统的偶因论支持者。例如，拉福尔热只在广延实体之间的因果关系上支持偶因论，与此同时，他还认为观念产生于人类的精神。

相比之下，阿尔诺遵循的是笛卡尔思想，即观念仅仅是人类心灵的状态，我们可以通过各种不同方式观察这些状态。虽然我们可以拥有足够的观念——当然，前提是它们具备清楚和明晰的性质，不过，即使是这些观念也不能让我们真正理解圣灵的真正内容。因此，从上帝的思想和意志看，他其实离我们人类非常遥远。

在马勒伯朗士的理论中，有时候甚至可以这样认为：人类似乎在观念认知的行为方式上与神圣实体的此类属性完全相同。这让人不禁想起斯宾诺莎的观点：观念可以被视为神圣实体的变样。莱布尼茨是那些对马勒伯朗士思想体系的本体论后果抱有怀疑态度的学者之一。如果考虑到广延实体起到的作用，这种怀疑将会进一步加深。对马勒伯朗士来说，没有一种因果关系可以脱离上帝的影响而单独存在。这种因果关系只不过是上帝干预事件的有序排列或者关于事件的想法，并且在上帝的干预下，这些事件都将按因果必然性进行排序。如果没有上帝精神中关于广延对象的观念及其必然的排序，就没有物质属性中的广延对象，而这些广延对象又必然相互产生影响。这种观点的一个直接后果就是可以让人们对广延事物的存在产生了怀疑态度。因为，如果说这些事物的真实本质以及它们之间的必要关系都已经作为广延观念存在于上帝精神之中，那我们还需要这些吗？马勒伯朗士至少没有坚决反对他这种理论产生的唯心主义后果。他最著名的学生之一、英国哲学家约翰·诺里斯（1657—1711）后来对他的理解也是如此，正如查尔斯·麦克拉肯在他的《马勒伯朗士和英国哲学》（*Malebranche and British Philosophy*，1983）的研究中所表明的，马勒伯朗士的思想对乔治·贝克莱也不是没有影响。但是，对于不同身体之间的因果关系来说，上述理论可能会造成歧义，至少在拒绝唯心主义的情况下就是如此。不过，对笛卡尔哲学的另一个问题而言，这种理论却可以提供帮助，即精神层面的因果关系，也就是身体和灵魂这两种本质不同的实体之间的因果关系。可以根据这一理论迎刃而解，但前提是我们无须假定这两种实体之间存在实质关系，而这种实质关系需要建立在上帝精神中的观念基础之上。因此可以说，即使是在笛卡尔主义的反对者中（例如阿尔诺），同样可以找到偶因论的观点。

然而，与斯宾诺莎主义的怀疑论相比，马勒伯朗士的区别不仅体现在他的因果论上，同时还体现在形而上学的另一领域，即斯宾诺莎对有限的思想存在与上帝精神之间关系的构想。在斯宾诺莎的理论中，不再有人格化的上帝。他认为，我们依赖上帝的前提是我们从属于上帝的物质化现实。与之相反的是，马勒伯朗士的上帝与阿尔诺的上帝一样，都是某种人格化的神，我们作为人类在任何方面都只能无条件依赖于他。在马勒伯朗士看来，这一观点与基督教的“启示录”内容完全一致。（但是天主教会在一段时期内并不认同上述理论，于1690年将马勒伯朗士的《论自然和恩赐》一书列入教皇的禁书名单，尤其是在阿尔诺以及其他詹森主义者的推波助澜下，当然，他们自己在不久前也遭遇到了相同的查禁。）

第五章

洛克：经验主义和自由主义

约翰·洛克（1632—1704）的著作是影响西方世界的两大理论体系的最重要思想来源之一：经验主义（Empirismus）和自由主义（Liberalismus）。洛克在他的哲学代表作《人类理解论》（1689）中，为这个世界的认知方法奠定了经验主义的基础，在《论宗教宽容》（*A Letter Concerning Toleration*，1689）中，他为政教分离和宗教自由大声疾呼，他的《政府论》（*Two Treatises of Government*，1688）主张一个政府的合法性应该建立在被统治者同意的基础之上。这些思想都可以被理解为这一时期人们对自主性的渴望和对传统权威的拒斥，因为正如对知识的追求一样，一个政治共同体不能建立在传统权威之上。

洛克的一生受到两个历史事件的重要影响，并由此形成了上述个人思想：英国内战和自然科学研究的制度化。作为英国著名政治家、舍夫茨别利伯爵安东尼·阿什利–柯柏（1621—1683）的私人医生兼秘书，洛克跟霍布斯一样，都对政治和流亡有过切身感受。英国内战的爆发以及封建王权的傲慢自大成为激发自由主义思想形成的根源。在深入了解笛卡尔或霍布斯等哲学家之前，洛克就已经在牛津大学接触过一些重要的实验派自然哲学家的作品，其中包括托马斯·西德纳姆（1624—1689），罗伯特·波义耳（1627—1691），罗伯特·胡克（1635—1703）和艾萨克·牛顿（1643—1727），正是他们在1660年共同组建了“英国皇家学会”。自然科学研究的实践与制度化是洛克经验主义思想的起点。

洛克将这些科学家称为“大师宗匠”，认为他们的科学思想“将留做永久的纪念碑，以为后人倾慕”，同时，他认为自己只想当一个“小工”，“清理通向知识的道路上所堆积的垃圾”（《人类理解论》中的“致读者”）。洛克将哲学家比喻为科学研究的“小工”，这看上去似乎并不符合他对人类自主性的追求。其实，这比较容易造成某种误导，因为洛克为哲学赋予的是一种特殊使命，目的在于将哲学与自然科学的探索方式明显区分开来。因此，《人类理解论》的写作初衷就是探索所有实证研究的重要工具：人类的心灵。

经验主义：一切观念来源于经验

《人类理解论》分为四卷。在第一卷中，洛克反对当时的一种流行观点，即道德或自然法则的生效前提是人们具有天赋观念。他认为，人类既没有天赋的思辨原则和实践原则（如“任何效果都有各自的原因”或“爱你的邻居”），也没有天赋的概念（如“上帝”或“实体”）。因为如果天赋观念存在于人类的头脑中，这意味着每个人肯定从童年时代就知道这些观念，但是现实中却并非如此；或者说这些观念蕴含在人的性格之中，不过人们并没有掌握区分先天性格和后天性格的衡量标准。在洛克看来，天赋观念的观点是一种实证观点，为此需要通过实证的论证方式加以否定。实际上，此书的第一卷确实与洛克所说的“清理垃圾的小工”形象比较吻合。在完成清理工作之后，人类的头脑应该像一块干净的白板。

这本书的第二卷认为，人类的一切观念都来源于经验，观念是一切知识的基石。这就是经验主义的基本主题。洛克列举了经验的两个来源：一个是通过外物获得的可感性质的观念；另一个是通过内心反省获得的内在的经验。通过第二个来源，我们可以了解人类的认知活动；如果没有这些认知，洛克的哲学研究将难以进行下去。需要指出的是，洛克对白板做出的比喻只论述天赋观念，并不涉及天赋能力。比方说，我们可以通过内在的经验获得关于意志、想象或思想的观念。

观念是思想的对象，一个人思考的一切对象都属于观念。因此，洛克的观念概念比较强调观念的客观存在方式。从表面上看，观念是知识的基石。正如牛津大学的自然哲学家们将身体看成是原子的复合体一样，洛克则将思想看成是观念的复合体。构成思想的基石就是简单观念（einfache Ideen）。为此，洛克列举了黄的、白的、热的、冷的、软的、硬的、苦的、甜的、感受、思考、怀疑、相信、封闭、知道、渴望，这些都是简单观念的范例。经验的两个来源都可以产生简单观念，但是，复杂观念（zusammengesetzte Ideen）则只能来源于理性的思考成果。在洛克的哲学思想中，除了将观念分为简单观念和复杂观念之外，对具体观念和抽象观念的划分也具有重要意义。具体的观念指的是在特定地点和特定时间背景下的个体事物。因此，关于一条狗的视觉感知是一个复杂的具体观念，关于狗的抽象观念可以应用于所有其他的狗。这个抽象观念并不是关于一条大狗或小狗、黑狗或棕狗、母狗或公狗之类的观念。一个抽象观念不需要具备形象化的特征。洛克在观念论方面并不主张“影像论”（bildliche Ideentheorie），对他来说，观念并不一定是影像，但可以是影像。他认为，像空间、时间、因果关系或上帝这种相当抽象的观念，完全可以由简单观念构成。抽象观念具有至关重要的意义，因为它们是人类理性的特征（这与动物的心灵完全不同，动物心灵只知道具体观念），而且，抽象观念在洛克的语言哲学中还扮演着重要的角色，我们在下文还将进一步探讨。

复杂的抽象观念包括实体、样式或关系的观念。实体是独立存在的事物，例如狗、石头、金币。这三种实例都只是物质客体，但还有三种其他类型的实体，即身体（物质客体）、有限精神和上帝（非物质客体）。样式和关系取决于现有的观念。样式是一个驳杂的复合体，包含有简单的样式（例如定量和定性的特征），以及混合的样式（例如承诺、欺骗或盗窃等道德观念）。关系指的是包含不止一种实体或样式的观念。比方说,“兄弟”的观念就包含了不止一个人,“谋杀在道德上比盗窃更恶劣”的观念则包含两种复杂的样式。除了组合和抽象之外,建立关系是心灵的第三种建构活动。

物质实体、第一性质和第二性质

现在,让我们更深入地研究一下洛克关于物质实体及其感知的观点。对早在牛津大学就已成为洛克密友的罗伯特·波义耳来说,物质实体是由不可再分的基本“微粒”(Teilchen)组成的,这些微粒始终在空旷的空间不停运动。因此,波义耳延续的是笛卡尔对物理过程的机械论解释方法。洛克非常认同这种关于物体的原子力学思想。原子(或微粒)具有特定的若干种性质,如非渗透性、有形状、有大小以及运动性。而物体对我们来说还具有其他性质,特别是在颜色、味觉、嗅觉、声音和触觉方面的特性。如果物体完全由原子组成,它们如何会具有这些性质呢?为此,洛克将物理实体与原子共有的性质称为“第一性质”(primäre Qualitäten),而像颜色等特性则属于“第二性质”(sekundäre Qualitäten)。第一性质是物体的固有性质,与我们人类无关,第二性质是这些物体的自身特性在我们心中产生的观念，例如颜色。虽然我们对第一性质的观念与这些性质有些相似，但在物体本身中，**没有**任何东西跟我们对第二性质的观念完全一致。

洛克的上述理论让我们产生很多疑惑。其中之一来自被理解为精神客体（思想客体）的观念与被理解为精神行为的观念之间的模糊性。根据他对客体的解读方式，人们并不会直接感知到一条狗，而是产生出作为思想客体的精神观念，也就是代表一条狗的观念。但是，洛克对精神行为的解读方式则与之相反，人们对狗的观念被理解为一种与狗直接相关的精神行为。洛克关于“性质”的理论经常被理解为“观念是精神客体”。这看上去很容易与“怀疑论”的观点混淆。实际上，洛克似乎主张的是一种“表征主义的间接感知理论”（indirekte repräsentationalistische Wahrnehmungstheorie）：我们能够直接感知到的只是观念，而对物体只能进行间接感知。那么，这种“观念的面纱”会不会妨碍我们在观念之外辨别出是否存在物体呢？实际上，这种指责令人不免想起阿尔诺对马勒伯朗士的怀疑论攻击。洛克当年始终在关注着那场争论，并且支持阿尔诺的立场。因此，很难相信他提出的是怀疑论思想，其中的问题对他来说是显而易见的。由此又引发了一个新问题：洛克究竟代表的是何种立场。也许，对第一性质和第二性质加以区分的话，对解答这一问题应该有所帮助：洛克的观点也许应该可以解释为人类只有借助第一性质的观念，才能直接感知物体的某些真实特性，而第二性质的观念则是对这些物体自身特性的感知。

第二个问题是关于实体的概念，对洛克来说，实体必须是一种抽象概念。那么，实体的抽象概念到底包括什么？虽然我们可以对狗或石头等单个物质实体形成清楚明白的观念，但是，即使是关于物质实体的一般观念，也很难对作为第一性质载体的实体形成清楚明白的观念。更麻烦的是，形成清楚明白观念的实体既有可能被认为是物质客体的基础，也有可能被认为是非物质客体（理性，上帝）的基础。虽然我们可以确定世界上存在着具有物质特征或精神特征的实体，但我们只能对实体的总体概况形成某种晦暗不明又混乱的观念。洛克并不怀疑实体的存在性，但他同时也认为，人类没有能力对实体形成一个正面的概念。这是洛克试图揭示人类理性具有局限性的一个典型例子。不过，这种观点似乎与主张“所有观念都必须来自经验”的经验主义方法论构成矛盾。我们难道不得不从逻辑上放弃实体的概念吗？

对洛克来说，实体概念只是证明了思考的必然性。因此，这是否意味着他认同天赋观念的思想呢?

实体问题、语言理论和认识论

为了回答这一问题，我们必须研究《人类理解论》的第三卷和第四卷，这两卷分别探讨了语言主题和知识主题。其中，洛克提出下列语义学观点:“字眼的原始的或直接的意义，就在于表示利用文字的那人心中的观念。”这是一个令人惊讶的观点。难道“狗”这个词指代的既不是某条特定的狗，也不是狗这种特定的生物物种或者一种抽象观念吗?当我说“狗在跑”或“狗在叫”时，并不意味着我想说“是我的观念在跑或在叫”。对此，可以通过区分一个词的含义和指代对象来澄清上述反对意见。“狗”这个词的第一含义和直接含义就是我对狗形成的观念；通过文字与思想的结合，这个词的第二含义和间接含义指代的是真正的狗。洛克的语义论观点有助于我们理解他作为一名经验主义者，却保留实体观念的原因所在。“实体”一词的第一含义和直接含义是我们对实体作为一种具有性质的事物形成的观念。通过语词的第二含义和间接含义，我们还可以指代一些与人类观念无关的事物。借助这一理论，洛克终于涉及一些人们无法从经验中直接形成简单观念的事情。这类事物所承载的特性与我们通过经验形成观念的物质实体具有某种“间接”关系。

在《人类理解论》的第四卷，洛克将“知识”定义为人心对任何观念间进行联络（Zusammenhang）和契合（Übereinstimmung）的一种知觉。如果我把狗和哺乳动物的观念与“狗是哺乳动物”的想法联系起来，那么我就获得一种知识。当我认为物质实体具有形状或大小之类的第一性质时，那么我就表达了一种知识，因为我发现实体的观念与第一性质的观念具有契合性。至于实体的观念是否晦暗不明又混乱，也就无足轻重了。与笛卡尔认为知识在于掌握清楚明白的观念不同，在洛克看来，知识意味着对观念契合度的一种感知；不过，其中也可能出现某种算不上清楚明白的观念，例如认为“物质实体具有第一性质”的想法。

不管怎么说，人类的生活跟自然科学领域一样，最重要的概念并不是知识，而是“盖然性”（Wahrscheinlichkeit）。所有的经验知识都可能出现错误，问题的关键并不在于知识，而是对盖然性的把握。为此需要在不完整的证据的帮助下，在各种观念之间取得一致。证据之所以不完整，是因为中介环节过多。因此，我们经常不得不依赖他人的证据，依赖我们的记忆，依赖间接性的结论或者依赖测量仪器，等等。洛克探讨的就是这种非正式的（非数学式的）盖然性。与这种盖然性相比，人类的知识范围其实非常有限。因此，我们不仅无法找到实体本身的性质，而且也无法找到像狗或黄金之类的实体性质。我们自以为掌握的关于经验客体的知识实际上只是可信度忽高忽低的个人观点，这并不是知识。严格意义上的知识只存在于数学和道德中。因为数学观念和道德观念是我们人类自己构建的；因此，与经验观念相反，这两种观念对人类来说具有透明性。

自由主义：宽容与自然权利说

《人类理解论》第四卷是以关于宗教知识的思考结束的。虽然洛克在宗教上非常虔诚，但他对宗教知识的本质却持有谨慎的立场。洛克对理性和信仰做出了区分。理性涉及的是人类在世间生活的确实性和盖然性，而信仰则是上帝与人类之间关系的确实性和盖然性。上帝给人们的启示充满确实性，内容毋庸置疑，我们只能选择相信。不过，至于这些话语是不是来自上帝的启示，则必须由人类的理性进行判定，而不能取决于信仰。由于上帝的话语在历史上经过多重转述，因此我们无法确定我们看到的话语到底是不是上帝的启示。因此，那些坚持将传统的神圣话语奉为金科玉律的宗教“狂热分子”（用今天的话也许就是“原教旨主义者”）就犯了认识论上的错误。由于存在这些认识方面的不确定性，任何政府都不应将某种特定的宗教强加给臣民，宗教团体也不应对其成员拥有任何强制权力。在任何社会中，都必须允许各种不同的宗教派别存在，但前提是它们必须服从国家权力。（当然，天主教徒与罗马教廷的从属关系为洛克的观点提出了难题。）洛克的认识论思想与他对宗教宽容立场的辩护具有一脉相承的直接关系。

在涉及政教分离和宗教自由的要求时，我们就应该回到政治研究领域。早在牛津大学，洛克就写过一些政治学作品，不过，与他在思想成熟期完成的《政府论》相比，这些作品看上去还比较保守。在《政府论》包含的两篇论文中，第一篇是针对罗伯特·菲尔默爵士（1588—1653）的《父权制或国王的自然权力》（*Patriarcha*，1648，1680）展开的批评。菲尔默为上帝赋予君主绝对权力统治臣民的主张辩护。他认为，君主应该是人类始祖亚当的继承人，君主制体现的是自然父权制家庭的结构。同时，他认为人既不是“生而自由”的，也不具备决定一个优良政府的智力。对此，洛克细致入微地逐一驳斥了菲尔默的观点，然后才在第二篇论文中论述自己的政治理论。这种结构让人想起洛克曾经在《人类理解论》中，在探讨经验主义的观念论之前，首先否认存在“天赋观念”。在这两项研究中，都涉及洛克对外部权威的拒绝立场，同时还涉及个人自然经验与个人自然权利的自主性。

先于国家的自然权利决定了人们对生命、自由和财产的要求。同时还与像特殊救济义务之类的自然义务相对应。因此，自然权利与自然义务是相辅相成的。如果我们参照约翰·西蒙斯在《洛克的权利理论》（*The Lockean Theory of Rights*，1992）中做出的相关解释，可以将自然权利和义务理解为：（1）自我保护的义务，生命权和自由权，以及对自己身体和个人劳动成果拥有的财产权；（2）与自我保护义务不产生冲突的前提下保护他人的义务；由此产生出（3）不剥夺他人生命的义务；以及（4）不剥夺他人自我保护基础的义务。

但是，在《政府论》一书中，洛克并没有对自然权利和义务进行理性论证，而是认为上帝是两者的来源。其中，洛克沿袭的是自然法（Naturrecht）的传统立场，主张自然法是一种以上帝意志为基础、人类通过理性进行认知的法律。这一理论特征不仅体现在洛克的著作中，而且同样出现在塞缪尔·冯·普芬多夫（1632—1694）的自然法学说中，他们的自然法并不像霍布斯那样完全建立在人类学的基础之上，而是通过将上帝视为世界的真正立法者，找到自然法有效性的依据。在德国启蒙运动的奠基人克里斯蒂安·托马修斯（1655—1728）的自然法理论中，法律也是以上帝的命令为基础建立起来的。不过，托马修斯和洛克在不违背神学基础的前提下，额外将人们对幸福的追求和自我保护作为自然权利的基础。对洛克来说，特定的自然权利源于这样一个事实，即上帝将土地作为礼物——像他自己的身体一样——赐予人类共有。因此，自然权利和义务有时候似乎是与生俱来的。于是，洛克的自然法理论与他的另一部著作《人类理解论》产生了矛盾，因为洛克在后者的论述中，不仅拒绝天赋道德原则，而且认为道德原则可以像数学原则一样通过推理演绎的方式加以认知。然而，目前还不清楚洛克心目中的自然法是来自上帝的意志，还是通过非神学的方式论证形成的。根据列奥·施特劳斯在《自然权利与历史》（*Naturrecht und Geschichte*，1953）中的著名阐释，洛克的这一“神学框架”

并非出自本意；因为洛克和霍布斯一样，信奉的都是一种纯粹功利主义的、以自我保护为原则的政治哲学。不过，考虑到霍布斯和洛克之间在思想上的巨大差异，以及神学基础在洛克哲学理念中的重要地位，施特劳斯的这种阐释让人很难信服。

正如霍布斯一样，洛克也针对前国家的自然状态提出了政治体制的合法形式问题，但他并不认为这种状态是“所有人反对所有人的战争”，而是每个人平等拥有自由、拥有自己的身体以及拥有自己的劳动的状态。任何杀害、伤害、奴役或偷窃他人的行为都是违反了自然法。每个人都拥有第二权利（sekundäre Recht），用于制裁那些侵犯自己和第三方的行为，这就意味着每个人同时还是“自然法的执行者”（《政府论》下篇，第 8 章）。因此，洛克笔下的自然状态是一种没有公共权力的生活，而政治共同体则包括建立一个国家权力机构，赋予其司法审判权以及由此产生的立法权。其中，洛克的自然状态与霍布斯的那种无论如何都应该避免出现的人类早期野蛮状态截然不同，洛克注重的是人与人之间的自然道德关系，这种关系有一部分以契约方式由国家代理，但还有一部分仍然在人与人之间继续保留着。洛克的自然状态并非在理论中假设的原始状态，而是一种存在于历史和现实中的状态。

正是在这种背景下，洛克阐述了他最著名的学说之一：财产权理论。因为每个人都拥有自己的身体，土地则是上帝作为赐予人类的礼物而创造出来的，每个人付出了劳动的自然资源（或者就像洛克语义模糊的表达方式：与之“混合”）就成为这个人的财产。因此，私有财产是一种自然的制度，而不是社会制度。由于劳动提高了自然资源的价值，例如通过精耕细作，可以让一块土地产出更多的果实，因此收入也是财产的一部分。为此，洛克设定了两个限制条件：第一，每个人拥有的资源不能超出自己的使用限度，以免造成浪费；第二，必须为其他人留出足够多的自然资源。而那些糟蹋甚至败坏自然资源的人都将失去所有权。至于如何理解洛克的这些限制条件，始终存在着各种争议。在大多数情况下，洛克关于财产的定义（财产的产权人付出了劳动的自然资源），被视为一种**描述性**（deskriptiv）的概念，与作为**规范性**（normativ）概念的限制条件并不相同。这两种概念具有相辅相成的关系。劳动不仅可以被付出在某种自然资源上，而且还是一种有目标的行为，旨在满足人类的需求，让人们享受生活。这也符合自我保护的第一自然义务。另一方面，对浪费资源以及侵占稀有资源的财产权限制，在某种程度上也违反了保护他人的第二自然义务。不过，至少在浪费资源的情况下，这与自我保护的义务并不矛盾，因为如果一个人只想满足自己的需求，他就有可能失去财产的所有权。

然而，洛克认为，每个人都对自己的劳动成果拥有明确的优先权和所有权。劳动可以确保人们与生俱来的自由和平等。当然，通过推行货币制度，还可以创造既不浪费也不消耗稀有资源的收入。由于洛克并没有充分考虑到依靠雇佣劳动实现的生产力，以及由此造成的人身依附关系和不平等问题，因此查尔斯·麦克弗森在《财产个人主义的政治理论：从霍布斯到洛克》(*Die politische Theorie des Besitzindividualismus. Von Hobbes bis Locke*，1990）中有些令人惊讶地将洛克的私有财产理论解释为早期资本主义意识形态的表现。

在洛克看来，人类摆脱自然状态是明智的选择，因为在自然状态中存在着太多的不确定性以及爆发侵略的可能性。与亚里士多德的传统思想不同，洛克认为国家并不是人类社会性的自然体现，而是一种促进福利，保护生命、自由和财产的工具。因此，如果一个国家未能实现这些目标，甚至违背了这些目标，就不具有合法性。对一个政体而言，只有获得组建这个政体的人或者加入的成员支持与认可时，才能具有合法性。因为世界上不存在服从国家权力的自然义务，而任何超越自然义务的其他义务，都只能让民众通过同意和契约的方式产生。任何体制都不能凌驾于这种意愿之上滥用暴力，而是必须维护和保护民众的自然权利。因此，洛克主张民众享有完全的行动自由，民众应该有权自由选择或抗拒政治共同体。由于政治体制需要建立在民众同意的基础之上，因此对洛克来说，民主政体才是唯一具有合法性的政体。

不过，洛克还强调说，民众同意也可以通过“默认”的方式体现出来，这意味着实际使用了国家的公共设施，也相当于表示“同意”。否则，统治者行使的国家权力无论如何都是非法的，因为几乎没有人会明确表态同意遵守某个政体的法律。由此也导致出现一个奇怪的结果：当我们在某种政治体制内成长时，我们往往都会不由自主地默认这种体制，除此之外别无选择；而且，我们在默认时通常既不是故意的，也没有经过任何深思熟虑。实际上，将这种在实践中默认与别无选择的默认视为对某种政体表示认可，在理论上并不严谨。因此，洛克也许应该坚持采用“明确同意”的方式，不过，这样又有可能意味着过于侧重个人自主性，对政治合法性略显不公平。美国哲学家罗伯特·诺齐克则更为直截了当，他根据洛克对自然状态的思考，在《无政府、国家和乌托邦》（*Anarchy State and Utopia*，1974）中提出一种自由意志主义的“最小国家”（Theorie des Minimalstaats）理论[①]。

洛克的著作不仅是经验主义和自由主义最重要的来源之一，同时还提出了这两种思想至今仍然有待解决的根本问题。经验主义建立在关于感官经验起源（即在实体中）的模糊概念之上，而自由主义则建立在关于自然权利起源（即上帝）的模糊概念之上。经验主义受到其所寻求建立的东西（即知识）不断威胁的困扰；而自由主义则受到本应保护自然权利的实体（即国家）的不稳定性的困扰。

洛克的晚期哲学与剑桥柏拉图学派

洛克的主要著作几乎都是在1688年和1689年集中出版的，这位哲学家到这时已经年过55岁。1691

① 最小国家理论是由罗伯特·诺齐克在1974年的著作《无政府、国家和乌托邦》中提出的，主张将国家功能限制在最小范围内，除了保障公民的基本自由和安全，保障持有财产的程序正义，不得再有其他功能。——译注

年，洛克隐居到弗朗西斯·马沙姆爵士（1646—1723）在埃塞克斯郡的奥茨庄园，并在这里安度晚年。除了对《政府论》的内容进行大量修改和扩充之外，他还写了两本关于基督教和教育的书《教育漫话》（*Some Thoughts on Education*，1693）和《基督教的合理性》（*The Reasonableness of Christianity*，1695）。正如上文所述，虽然洛克对宗教信仰持批评态度，但他其实是一个虔诚的基督徒，终其一生都对研读《圣经》很感兴趣。他尝试着为自己关于基督教教义核心信仰问题的论述寻找足够合理的证据，即"拿撒勒人耶稣确实是救世主"。洛克的立场与当时的"宽容主义者"（英语中的"latitude"在这里意指"宽容"）非常一致。宽容主义者对那些在核心教义上有分歧的基督教派别持有宽容态度。从1650到1680年间，洛克与宽容主义运动的多位领导人有过私人接触，在他的图书馆里还收藏了一百多本出自这个派别的书籍。

宽容主义思想在当时主要集中出现在剑桥大学以及"剑桥柏拉图主义者"的圈子里。剑桥柏拉图派的开创者本杰明·惠奇科特（1609—1683）强调人性本善以及理性与信仰的相容性。除了约翰·史密斯（1618—1652）和纳撒尼尔·卡尔费韦尔（1619—1651）之外，亨利·莫尔（1614—1687）和拉尔夫·卡德沃思（1617—1688）也是这个群体的重要思想家。“柏拉图主义者”这个名称在一定程度上具有误导性，可能会让人以为这些思想家主要关注柏拉图主义。事实上，他们在对柏拉图思想和基督教神学具有浓厚兴趣的同时，早期还曾受到笛卡尔哲学的深刻影响，并致力于将笛卡尔的机械论自然哲学与柏拉图式的形而上学融为一体。为此，他们不得不引入某种中介理论，在神圣本质与机械论的宇宙之间进行过渡，莫尔将这种精神层面的因果力称为“自然精神”，卡德沃思则将其称为“有塑造力的自然”。借助这一中介理论，可以避免出现偶因论，从而将自然本身的因果过程假设为拥有合理的、符合目标论的方向，并由此可以实现完美。莫尔是一位多产的作家，同时还是笛卡尔的通信伙伴，而卡德沃思在其有生之年只出版了一部《真正理智的宇宙体系》（*The True Intellectual System of the Universe*，1678）。这本博大精深之作的中心主旨就是要证明，自古以来，所有理性的思想家都以最高本质（上帝）的存在为出发点，由此才能实现信仰与理性的基本相容性。但是，卡德沃思认为自己的理论与（在他看来的）霍布斯和斯宾诺莎等“唯物主义思想家”存在着明显区别。

莫尔的学生安妮·康威（1631—1679）试图从上帝的属性出发，在《最古老和现代哲学的原则》（*Prinzipien der ältesten und modernen Philosophie*，1690）中推导出在上帝与自然之间起到中介作用的理论，并将上帝定义为一切存在物的起源，康威将自然定义为上帝创造出的受造物，将基督定义为“中间自然”。在她看来，受造物与上帝在精神上的统一性非常相似，虽然是一种精神实体，但并不统一，呈现出四分五裂的状态，受造物的组成要素被称为“单子”（Monade）。康威本人多年重病缠身，对此她解释说，上帝在创造万物时产生的种种苦难与不完美之处，恰恰是基督作为中介者对世界万物不断加以完善的缘由。关于这一主题，康威在书中提出了一种“神正论”的思想。莱布尼茨曾经收藏过一部康威的著作，并从中找到了构建“单子论”（Monadologie）学说的灵感。

剑桥柏拉图派还有另一位女思想家是达玛丽斯·卡德沃思（1659—1708），她是拉尔夫·卡德沃思的女儿。虽然出身于一个知识分子家庭，但她当年是在约翰·洛克的鼓励下才成为哲学家的，两人相识于1682年，洛克在流亡荷兰期间与她有过信件交往，这些信件不仅体现了两人在知识层面上的交流，还表达了一种爱情关系。

1685 年，达玛丽斯嫁给了弗朗西斯 · 马沙姆，从此成为马沙姆夫人。从 1691 年起，她成为洛克在奥茨庄园的女主人，同时还写了一本关于洛克生平的传记手稿。与康威的作品一样，她的两本著作《论上帝之爱》（*Eine Abhandlung über die Liebe Gottes*，1696）和《德行生活或基督教生活偶论》（*Gelegentliche Gedanken bezüglich des tugendhaften oder christlichen Lebens*，1705）也都是以匿名方式出版的。

第六章

莱布尼茨：预定和谐与神正论

还有一位哲学家也对阿尔诺和马勒伯朗士的那场争论发表过观点：戈特弗里德·威廉·莱布尼茨（1646—1716），他将成为本章的核心人物。莱布尼茨的观点有一部分是公开发表的，还有一部分则是在与阿尔诺的通信中直接陈述的。在内容上，他的理性主义哲学更接近这场论战的两位主角，而不是经验主义者约翰·洛克，当然，后者也对论战做出过回应。对洛克来说，这番辩论只是进一步证明了笛卡尔哲学中的理性主义观点走进了哲学的死胡同。

关于这场争论，莱布尼茨最初在1684年的《关于认识、真理和观念的沉思》(*Betrachtungen über die Erkenntnis, die Wahrheit und die Ideen*)中表明了立场，没过多久，莱布尼茨又在其重要的系统性著作《形而上学论》(*Metaphysische Abhandlung*，1686)中对这一主题进行了更深入的阐述，他将此书视为自己与阿尔诺重新开始交流的一种精神名片，内容非常简明扼要。莱布尼茨随后在与阿尔诺的通信中，始终在精心阐述着自己的基督教和解计划，而这正是莱布尼茨毕生致力于实现的理念，他进一步解释了自己在这方面的立场，同时一直在密切关注着阿尔诺与马勒伯朗士的论战。

莱布尼茨是在十几年前的一次外交出访中结识这两位学者的，从 1672 到 1676 年，莱布尼茨的大部分时间都在巴黎度过，在此期间，他还前往伦敦(1673，1676)和海牙进行过重要的旅行。例如在 1676 年，他曾到海牙拜访过斯宾诺莎。然而，无论是阿尔诺还是马勒伯朗士，都没有把这位雄心勃勃的年轻学者看成哲学上的重要对手。实际上，兴趣广泛的莱布尼茨最初主要是以数学家的身份闻名于世，他当时发明了一种轰动一时的机械式计算器，并于 1675 年发明了微积分，以此作为计算微分和积分的方法。与此同时，艾萨克·牛顿(1643—1727)也找到了这种方法。于是，莱布尼茨在

18 世纪初曾经被一些物理学家指控为“剽窃”，并由此展开了一场关于发明者优先次序的旷日持久的争论。莱布尼茨为此承受了巨大的压力。如今，人们普遍认为莱布尼茨和牛顿各自独立发现了同一种数学方法，只不过采用的符号系统不同而已。莱布尼茨选择定居巴黎的时候还不到 30 岁。他是一位学者的儿子，1646 年生于莱比锡，1661 年进入莱比锡大学就读。跟当时所有大学一样，这所大学最初也是从“综合学校”发展而成的，后来他又在耶拿大学短暂学习过，于 1666 年获得哲学博士学位之后，转入阿尔特多夫大学的法学院，并且在 1667 年被授予博士头衔。[①]随即，这位 21 岁的年轻人就获得了一个教授职位的聘任，但被他拒绝了。

在放弃教授职位之后，莱布尼茨选择为美因茨选帝侯效力，并于 1672 年被派往巴黎执行上述外交任务。在巴黎，几乎没人把他当作一位哲学家，而这正与莱布尼茨在事业上的自我定位不谋而合，因为尽管他在这一时期也写过几篇哲学主题的小文章（其中蕴含的新

① 原文如此，实际上莱布尼茨在耶拿大学只是在暑期跟随德国数学家魏格尔进修过数学课程，没有取得任何学位。在此之后，他在 1664 年 1 月在莱比锡大学获得哲学硕士学位，于 1666 年 11 月在阿尔特多夫大学获得博士学位。——译注

柏拉图主义的思想倾向都可以在他成熟期的哲学作品中看到），但他还没有真正找到完全属于自己的哲学立场。然而，那次与斯宾诺莎的相遇却对他产生了非同一般的影响，他花了好几年时间才逐渐摆脱。不久之后，莱布尼茨在巴黎和伦敦开创一番事业的理想逐渐化为泡影，他再次回到德国，这次是在不伦瑞克－吕讷堡的约翰·腓特烈公爵（1625—1679）的汉诺威宫廷担任顾问、图书馆馆长兼编史官。公爵去世后，莱布尼茨仍然在贵族圈效力。一开始是为公爵的继任者恩斯特·奥古斯特（1629—1698）服务，在此期间，莱布尼茨与奥古斯特的夫人普法尔茨的索菲（1630—1714）建立了深厚的友谊，两人找到了共同的文化与科学兴趣——索菲的儿子是乔治·路德维希（1660—1727），后者于1714年成为英国国王乔治一世。在为这个显贵家族效命的同时，莱布尼茨于1686年重新与阿尔诺开始联系，不过，现在他终于可以通过《形而上学论》这本书，充满自信地对论战发表自己的独到见解了，若干年后，莱布尼茨自己也认为这是其成熟思想体系的初次展现。

单子论

阿尔诺和马勒伯朗士之间的这场辩论引发了公众的巨大兴趣，从而也为莱布尼茨提供了一个理想的思考机会，他非常推崇马勒伯朗士的一些论点，例如完全专注于观念的客观存在方式（观念内容）。不过，对于马勒伯朗士的其他论点，包括偶因论思想（这对阿尔诺来说也并不陌生）以及“在上帝之中看到一切”的理念，莱布尼茨则表示坚决反对，他怀疑这些都是斯宾诺莎主义。那么，莱布尼茨自己提出的理论又是什么呢?

如果我们从莱布尼茨解释万物的两个基本原则出发，也许就可以更好地理解它们，莱布尼茨始终将这两个基本原则视为自己的哲学理论基础，正如斯宾诺莎在他之前所做那样：第一是“矛盾原则”，第二是“充足理由原则”（《单子论》，1714，1720）。对莱布尼茨来说，没有任何事实是不能毫无矛盾加以解释的。但是，在我们这部简要的哲学史中，我们只能简明扼要地介绍一下他的相关解释。

莱布尼茨始终坚持认为，对任何事实进行解释的终点必须是这些事实所依赖的终点，对他来说，这个终点只能是一位人格化的造物主，是上帝创造了这个世界，而不能（像斯宾诺莎所说那样）将上帝与世界视为同一事物。因此，从形而上学的角度来看，上帝是唯一“没有被创造”的实体。被创造的世界是一个被创造实体的世界。因此，在莱布尼茨看来，这个世界上除了实体就一无所有了。任何其他事物要么依赖于实体而存在，要么只是表面上的存在，或者说，只是作为一种现象（Phänomen）而存在。

莱布尼茨的哲学思想是建立在与斯宾诺莎或笛卡尔略有差异的实体概念之上的。我们已经知道，笛卡尔和斯宾诺莎都曾经借鉴过亚里士多德的实体概念，但各自做出了不同的解释。现在，我们还可以看到莱布尼茨对亚里士多德传统理论的另一种解释。跟其他人一样，他也是首先进行假设：一方面，实体在本质上是预定的主体，但实体本身并不是属性（预定理论，Prädikationskonzeption），另一方面，实体可以独立于其他事物而存在（独立理论，Unabhängigkeitskonzeption）。当然，如果仔细研究一下预定理论，就不难发现：莱布尼茨对笛卡尔提出了异议，他认为广延物并不是实体。而对笛卡尔来说，广延物通常都是由其他广延物的复合体浓缩形成的。这一过程同样适用于扩大的“超级实体”，也就是笛卡尔所说“广延实体”。广延实体的性质取决于具体组成部分的自身性质。因此，广延实体本身不可能是“预定理论”中所指实体。同样，广延实体的各个组成部分也是如此，而各个组成部分本身的成分也可以这样以此类推。在笛卡尔的广延实体中，不存在最后的成分，因此它本身既不可能是实体，也不可能包含实体。

根据上述推导，莱布尼茨总结出一种关于实体属性的假设，对此笛卡尔并无提及，而斯宾诺莎的作品中，至少还暗示过此类属性的重要作用：实体在本质上应该是“单位”（Einheiten）。正如莱布尼茨在与阿尔诺意义非凡的通信中阐述过的，不属于任何单位的事物也就没有真实的（即实质的）存在。这种关于单子的理论还可以追溯到亚里士多德的思想根源。在亚里士多德的哲学里，实体始终离不开质料与形式之间的相互作用。正是“形式”的功能使质料成为一种专属“类型”的质料。例如，是“山毛榉”的形状让我窗前一棵真实的树成为“山毛榉”，但是，这棵具有山毛榉外形的树之所以是我窗前实实在在的山毛榉，而不是房子后面的山毛榉，则取决于具体成型的质料。按照莱布尼茨的观点，真正的实体属于不可能进一步细分的最基础物种（infima species）。可以说，这些都是最具体的概念。因此，莱布尼茨得出结论：这些概念涉及的其实只是唯一的客体，确切地说，就是那种可以完全概括自身的存在、并将其与所有其他客体区分开来的客体。这种“最基础物种”使每种质料都独具个性，由此也意味着，实体的区分只能通过具体的概念来实现，质料本身与此毫不相干。

这些概念上的形式，即“最基础物种”，对莱布尼茨来说是精神性的，因此只能是灵魂或精神。所以，世间万物存在的基础正是这种精神实体。它们被莱布尼茨认为首先是“形而上学的”，主要是因为它们早在上帝创造世界之前就已经作为被上帝观察的形式，存在于上帝的精神之中，同时为各种可能的世界产生形式与质料的单位，也就是由精神概念的形式与质料组成的个性化实体。莱布尼茨在他的著作和书信中描述了这些形式，从 1690 年起，他开始将其称为“单子”，而这正是安妮·康威当年提出过的术语。

因此，是形式让实体具有单子，从而才能成为个性化的实体。由于这些精神单子可以被理解为概念单子，莱布尼茨本人在 17 世纪 80 年代的多部著作中详细解释了这种观察视角——有时候看上去莱布尼茨的形而上学理论几乎都来自概念逻辑学。实体的本质只是自身完整的概念而已，这意味着它们具有完整的概念上的特征。虽然这种观点引发了一系列重要的问题，莱布尼茨后来也通过纯粹形而上学的理论——尤其是经过修正的单子学说——回答了这些问题，但是可以看出，他的若干哲学基本原则仍然直接出自上述观点。

首先，莱布尼茨由此直接提出了“不可辨别原则”（Prinzip der Identität von Ununterscheidbarem），也就是说，世界上不但无法存在两个完全相同的单子，而且每个单子必须与任何一个别的单子不同。其中，莱布尼茨对差异性提出了“固有特质的差别”要求，这意味着仅在时间和空间上对单子进行区分定位是远远不够的。其次，莱布尼茨认为“每一个单子都是整个宇宙的一面镜子”。这一非同寻常的比喻让人更容易形象化地理解：从概念上了解单子的真相，肯定离不开它与其他客体的关系，并且包括所有曾经存在和将要存在的客体（《形而上学论》第 8 节）。用现代术语来说，莱布尼茨代表的是一种“概念整体主义”（Begriffsholismus），因为每种个体概念的内容只能体现在与所有其他概念建立的关系中。再次，莱布尼茨认为“被创造”的实体之间不可能存在因果关系的相互作用。任何一种实体或单子的所有特性（包括过去的、现在的和将来的）都必须从其完整的概念中得出，因此不可能受到其他有限实体的因果关系影响。正如莱布尼茨后来阐述的：单子没有窗户。当然，造物主实体（即上帝）肯定可以跟被创造的实体构建因果关系，否则“创世纪”本身就无从实现。这种创造世界的行为是唯一的因果行为，但**并非**来自被创造的实体的自身属性。最后一点，正如上文所说的，上帝在所有有限的实体中确立了“预定的和谐”（prästabilierte Harmonie），并由此推动了实体之间的相互作用。这种预定的和谐是莱布尼茨对“偶因论”的回答，也是他针对笛卡尔提出的精神性因果律问题做出的解答。上帝并没有在我们身上造成任何让人理解为质料效应的观念（正如偶因论支持者所认为的），而是通过这种方式创造了我们，于是，世界上所有表象之间的因果作用都是受造物单子之间相互协调的自我发展。

实体多元论

正如我们已经在上文介绍过的，斯宾诺莎认为世界上只有一种实体，任何其他实体都跟这个实体密不可分，因此这些实体都是同一的。而莱布尼茨则认为这种理论是完全错误的，因为即使是相似的实体之间也可能存在差异。如果想理解这一观点的合理性，我们就必须进一步了解单子理论。首先，我们应该注意这样一个事实：任何一种被创造的实体，即使在其因果历史从一开始就已被确定的情况下，也仍然具有自身的因果关系，实体具有自己的积极的动态原则，充满渴望变化的“欲求”（appétít）。同时，单子的每种状态都以某种特定的心灵状态为特征,也就是形成一种“知觉”（perception）。这种知觉作为单子的心灵状态可以代表整个宇宙（这也意味着每个单子都是一面体现了“上帝创世”的镜子）。

当然，这种知觉无须被认定为人类有意识的想法。对莱布尼茨来说，这种感知到心灵状态的“统觉”（apperception）可以体现出观念的清晰性和明确性，但并不是每个单子都需要具备同样的特性。在清晰性和明确性方面存在着上述区别。只有上帝对宇宙具有最清晰、最明确的概念，不过，即使是被创造的单子，在清晰性和明确性上也是千差万别的。莱布尼茨将此划分出简单单子（einfache Monaden）、动物单子（Tiermonaden）和理性单子（rationale Monaden）。简单单子只是无意识地体现出宇宙。动物单子已经有能力通过联想建立联系，因此能够在具体环境中进行定位和学习。最后只有理性单子才具有自我意识，有能力通过反思活动将自己的心灵状态**视为**个人心灵呈现出的状态。原则上，这种单子可以从对经验事实的纯粹感官认知，过渡到对事物根源的纯粹概念性认知以及必要的理性真理的认知。这些理性真理还包括这样一种判断，即我们所有的想法或观念都是与生俱来的（“单子没有窗户”），但对人类来说，最初感受到的只有黑暗和混乱，这些观念也都是隐而不现的。我们有能力让它们变得清晰和明确，借助这种能力，我们才得以提高自己对这个世界的认知水平，而这其中始终包含了我们对上帝的认知机会。

在莱布尼茨看来，世界上唯一真正的现实就是单子构成的现实。因此，在莱布尼茨的哲学理论中，就衍生出关于躯体（Körper）存在状态的问题。躯体也是单子吗？我们已经看到，作为若干广延物的组合，躯体应该不是实体，当然更不可能是单子了。但与此同时，莱布尼茨对此还写过很多评论，通过这些评论，他最终得出结论：躯体在形而上学的现实中也有基础，这个基础本身必须由单子组成。简而言之，躯体是以某种方式出现在我们面前的简单单子（形而上学的现实）。因此，经验现实是一种表征现实或现象现实。

因此，莱布尼茨最终提出一种关于躯体存在的“还原论”（reduktionistische Konzeption）思想。其中，躯体可以被归结为单子现实的表象。在此基础上，莱布尼茨进一步断言，任何被创造的单子都可以归属到某个躯体上，然后与躯体共同构成一个活着的有机受造物。没错，原则上这甚至可以体现在构成任何躯体的所有单子上，以此类推，直到无限！此外，构成躯体的单子与起到分配作用的主导单子保持着上文所述的“预定和谐”的关系，从而将从属性的单子组成一个（可以说是次要的）单位。莱布尼茨有时将这些非实体的单位称为“机器”（例如在《单子论》的第 64 节）。

于是，通过对单子的全面了解，我们现在可以初步理解莱布尼茨是如何拒绝斯宾诺莎提出的“只有一种实体”的观点。他之所以如此明确表示拒绝，是因为按照莱布尼茨的理论，世界上不仅有大量实体，而且还有无限多的受造物实体，或者说是还有在自觉意识上千差万别的无数单子。其中，每个单子还包含有无数的单子。斯宾诺莎曾经论证得出了“不可辨别”的同一性原则，莱布尼茨当然对此欣然接受。但莱布尼茨还有不同观点：虽然每个单子都代表着整个宇宙，但单子之间也存在着巨大的差异。正如尼古拉斯·乔利在 2005 年的作品《莱布尼茨》中所描述的，在通过整体性视角观察每个单子时，莱布尼茨的单子概念都是千差万别的。而这些观察视角上的差异直接取决于不同单子观念中体现的宇宙在清晰性和明确性上的差异。对此，莱布尼茨认为上帝已经创造了所有可能的世界中最好的那一个。在他看来，上帝绝不会在具备多种道德可能性的情况下，随意创造一个勉强合格的世界；相反，上帝肯定会遵守“充足理由原则”（《单子论》第 32 节）。

“所有可能世界里最好的”

如果世界上一切存在的事物都必须有一个确实存在的理由，并且是独一无二的特定理由，那么上帝一定会根据这样的理由来创造这个世界。既然上帝是绝对完美的（《形而上学论》第 1 节，《单子论》第 41 节），那他肯定了解所有可能的世界，同时肯定会创造出某种尽可能符合“完美性”的世界。因此，上帝肯定会尽可能在各种选项中创造出最好的世界。现在，莱布尼茨必须证明的是，尽管世界上存在明显的邪恶，但上帝创造的这个世界仍然是可能实现的最好的世界。与马勒伯朗士的观点不同，莱布尼茨绝不认同上帝的思想和意志之间存在任何区别，更不同意由此将理论上的完美世界与尽可能最好的世界之间进行对比。因此，莱布尼茨的观点在效果上也与他的法国同行稍有差异。

关于邪恶或恶的问题不仅涉及“道德上的恶”（如虐待、奴役、谋杀、酷刑、战争），而且还包括“自然上的恶”（如疾病、疯狂、事故、自然灾害）。对任何一位有思想的人来说，这些邪恶的存在属于伦理和智识上的丑闻。此外，对于莱布尼茨关于“所有可能世界中最好的”乐观思想来说，这些邪恶则构成了神学和形而上学的严峻挑战。莱布尼茨从早期作品开始，直到写成《神正论》（*Essais de Théodicée*，1709）为止，多年来始终在深入探索这一问题。神正论的质疑为上帝带来了双重挑战。邪恶之所以存在，要么暗示上帝未能辨别邪恶（这意味着上帝并不是全知的），未能消除邪恶（这意味着他并不是全能的），不想消除邪恶（这意味着他并不是全善的）；要么暗示上帝从一开始就参与促成邪恶的存在。那么，上帝的存在与邪恶的存在应该如何加以协调呢？

从表面上看，那些针对“上帝创造了所有可能世界中最好的”的批评者似乎很容易被驳斥，因为只需要向他们证明存在一个从未发生可怕的 X 事件的世界。这看上去不是更好吗？但莱布尼茨对此并不认同，他认为，我们根本不知道一个没有 X 事件的世界是否更好，因为我们根本无从获悉这种世界是什么样子。说不定由于没有 X 事件，可能会导致出现一个更糟糕的世界。此外，这些批评者评判世界善恶的出发点都是人类中心主义的角度。但是，我们凭什么将人类的幸福作为评判世界是否美好的标准呢？为什么不是所有具备理性和感觉的存在物的幸福呢，例如天使、动物、外星人和上帝？莱布尼茨并没有把理性存在物的幸福作为唯一的衡量标准（《神正论》第 120 节），而是将最高的多样性与最简洁的法则结合在一起，作为判定是否属于"所有可能的世界中最好的"衡量标准（《形而上学论》第 5 节）。上帝创造世界肯定是体现神性完美的最包罗万象的镜子。如果上帝奇迹般地阻止了可怕的 X 事件，那世界就会变得不太完美，因为这个世界应该允许存在更丰富的方式（例如上帝的神迹）和更简单的多样性。虽然莱布尼茨同意某些批评者的观点，即并不是每个事件都是可能发生的最好的事件，但是，依照形而上学的标准，这个世界已经是所有可能的世界中最好的一个，实际上这两种观点并不矛盾。此外，莱布尼茨还唤起了希望：人类中心主义的幸福评判标准应该与形而上学的评判标准保持一致（《形而上学论》第 36 节）。

与此同时，我们不应认为上帝会随意处置"恶"，他只是允许恶的存在。不过，前提是只有在“所有可能的世界中最好的”得以存在时，上帝才会允许恶的出现。其中，上帝的善不会被各种恶的存在所干扰，因为上帝并不期盼这些恶，而是希望“所有可能的世界中最好的”继续存在。因此，他才默许了恶，而且仅限于那些符合有限定义的恶。

莱布尼茨的观点有时会被人理解为“上帝创造恶是为了让人类拥有实现自己完美性的自由”。但实际上并非如此。首先，上帝并不能出于善意而创造恶，否则，如果上帝在此之后想要实现某些恶意，那么这些恶意将不符合上帝的完满性。其次，莱布尼茨针对神的自由以及人的自由，提出了自己的两个疑问：既然上帝必须创造“所有可能的世界中最好的”，那他还有没有创造其他事物的自由呢？因为上帝在创造世界时绝不会受到外部的任何约束，而是完全源于自己的完满本性，因此上帝不能被视为不自由的。但是，如果上帝在创造“最好世界”过程中还要计划宇宙的整个运行过程，那么，人类在这一过程中除了成为计划的一部分，究竟还能做些什么？与笛卡尔截然不同的是，莱布尼茨（还包括斯宾诺莎）拒绝接受自由意志的概念。在他看来，自由意志只会导致人类能够在任何情况下都有可能做出与预定宿命不同的决定。尽管如此，人的自由始终存在。莱布尼茨认为（与斯宾诺莎的观点相似），这种自由并非来自人类决策时的自发性，而是来自人类的认知能力。人类对世界秩序的认知越丰富，就越能意识到自己是这个秩序的积极组成部分（《形而上学论》第 13 节）。

伦理学与“上帝的真爱”

认知能力也是莱布尼茨伦理学的关键要素。一个人对某种对象的优点或“内在的善”认识越全面，他渴望获得的意志就越强烈。因此，对善的渴望或热爱应该通过对善的认知标准加以衡量。人类的第一伦理义务就是要完善理性，而理性则是认知能力的工具。如果幸运的话，一个人不仅可以知道自己想要什么，而且更能认清什么才是必需的。莱布尼茨继承了亚里士多德的传统思想，将幸福确定为伦理学的目标。他通过有趣的方式将这一传统与人类心灵中的“肖神性”（Gottesebenbildlichkeit）理论结合在一起。尼古拉斯·乔利的《灵魂之光：莱布尼茨、马勒伯朗士和笛卡尔的观念论》（*The Light of the Soul. Theories of Ideas in Leibniz, Malebranche, and Descartes*，1990）认为这一理论应该是莱布尼茨哲学的核心主题。在莱布尼茨看来，人类的心灵就是神圣精神的肖像，因为它能够认识宇宙的本质，并且还能像上帝创造世界一样，创造建筑物、国家政权或帝国（《单子论》第 83 节）。但是，对莱布尼茨来说，人类与动物以及人类自身的动物属性的不同之处就在于，幸福并非享受安康的“状态”，而是对某种目标的“追求”。归根结底，这个目标就在于我们能否正确实现人类的“肖神性”。我们甚至可以稍微夸张地说，人类幸福的唯一目标就是“像上帝一样”。不过，我们如何才能实现这一目标呢？为此，我们只能在对上帝献出真爱时才接近这种状态。

这种真爱的真谛在于让你所爱的人享受安康、幸福与完美的喜悦（《单子论》第 90 节）。根据这种观点，人们只能真正热爱那些足以让自己感受到快乐和幸福的事物。其实真爱也不是一种状态，而是为了让你所爱的人享受安康、幸福与完美的喜悦而付出的努力。简而言之，真爱就是看到被爱之人的快乐才能体验到的快乐。与之相反的则是虚幻的爱，只在意他人的快乐，而不考虑自己是否因此而获得快乐。另外，苦修士式的爱也同样不具备自己的快乐，其中缺乏个人动机，因此莱布尼茨认为这只是一种虚幻的爱。人们可能会不同意莱布尼茨将“真爱视为通过被爱之人的快乐体验到的快乐”的观点，例如，父母肯定很爱自己的孩子，即使这个孩子因疾病而倍感痛苦、悲伤和沮丧（他肯定不会感到快乐），父母更不可能对孩子的这种不幸状态感到快乐。可是，其中仍然存在显而易见的爱。对此，莱布尼茨也做出了合理的解释：如果父母无法从孩子“可能”的快乐中体验到快乐，那我们就不应该将其称之为爱。因此，这种体验能力对真爱是必不可少的。

因此，被爱对象能否实现完美具有至关重要的意义。某件事物越完美，对自身完美性收获的快乐和幸福就越大，爱人的快乐也就随之增多。不过，此时的快乐是向更圆满境界的某种过渡。或者也可以说，快乐是一种更高层次的能量。莱布尼茨明显遵循了斯宾诺莎关于快乐的明确定义：“一个由小及大获得圆满的过程。”因此，随着为被爱者的完善和幸福而感到快乐，一个人自身的完美性也随之增加。因为上帝是世间万物中最完美的，对上帝的爱一定可以为我们带来至上的幸福，正如莱布尼茨在生前最后一篇文章《建立于理性上之自然与恩惠的原理》（*Principes de la Nature et de la Grâce fondés en Raison*，1714）中强调过的。通过对上帝的真爱可以让我们更完美，由此实现我们的“肖神性”。

尤为重要的是，人类对上帝的本质与创造力的认知和热爱并不是被动的沉思和静观，而是一种对认知能力和幸福的主动追求。在这种追求过程中，关键是应该认识到这是“所有可能的世界中最好的”。因为每个人都是这个世界的一分子，也共同拥有这个世界，因此每个人也可以根据自己的认知能力与爱心，有所作为，也有所不为，从而为这个世界的完美性做出贡献。我们可以再次稍微夸张地说：如果人人都像上帝一样，我们就可以更好地履行为发展“所有可能的世界中最好的”做出积极贡献的义务。正如上文所述，这也是人性自由的核心主旨：一个人越熟悉上帝的秩序，并由此产生敬爱之心，他就越能将自己视为这个秩序内的积极分子。所谓完美的国家就应该是所有智慧的和爱的灵魂都集中在最完美的君王之下——也就是上帝；当然，这样的国家几乎就相当于实现了“普遍的君主制”(《单子论》第85节及以下)。因此，对“所有可能的世界中最好的”来说，人类中心主义的幸福评判标准与形而上学的评判标准完全吻合。

如果我们将莱布尼茨的单子论、上帝的角色、人类对上帝的爱以及体现了“上帝统治宇宙”的普遍君主制的观点，与洛克的经验主义和自由主义思想进行比较的话，可能会产生这样一个印象：莱布尼茨似乎对人的自主性兴趣索然，对现代性的发展活力也缺乏贡献。实际上，这种印象并不正确。首先，莱布尼茨始终支持通过认知能力实现自主性的思想传统，而这种传统已经在笛卡尔和斯宾诺莎的章节中有所提及。其次，莱布尼茨始终坚持理性原则，其中包括“充足理由原则”和“矛盾原则”，这些原则虽然服从上帝的权柄，但同时也着重强调理性自主性的地位。最后，在关于对“所有可能的世界中最好的”实现必要的发展以及积极参与的理论中，莱布尼茨设定的目标是让所有智慧的和爱的灵魂都集中在普遍君主制内，而这正是 19 世纪和 20 世纪历史哲学的主题。例如，伊曼努尔·康德（1724—1804）在回答“人类是在不断朝着改善前进吗”这个问题时，就曾经简洁地表达过：是的，前提是我们始终坚信人类在不断朝着改善前进，并且需要我们充满热情地为改善做出积极的回应。

克里斯蒂安·沃尔夫及其学派

实际上，莱布尼茨的哲学思想对德国启蒙运动哲学的持续发展产生了深远影响。启蒙运动的主要代表人物之一，哲学家、数学家和法学家克里斯蒂安·沃尔夫（1679—1754）就曾经在与莱布尼茨进行哲学交流的过程中受益匪浅，并推动了莱布尼茨哲学体系的阐述工作，以至于在很长一段时间里，人们只知道“莱布尼茨－沃尔夫哲学”。不过，沃尔夫并不只是莱布尼茨哲学追随者的代表。其实，在沃尔夫独立写出自己的一系列重要哲学作品之时，例如他的《对上帝、世界和人类心灵以及一般事物的理性思想》（*Vernünftige Gedanken von Gott, der Welt und der Seele des Menschen, auch allen Dingen überhaupt*），此书经常被简称为《德意志形而上学》（*Deutsche Metaphysik*，1719），他还没接触过莱布尼茨的多数著作。原因在于这些著作都是在莱布尼茨去世之后才出版的，其中就包括1720年的《单子论》和1765年的《人类理智新论》（*Noveaux Essais sur l'Entendement Humain*）；更何况，他与莱布尼茨的通信基本都集中在数学领域里的话题。因此可以说，沃尔夫在其作品中独立完成了理性主义传统的理论整合工作。通过不知疲倦的发表作品，沃尔夫尝试将哲学确立为一门严谨的科学，其研究对象就是概念上可能成立的世间万物。从方法论来看，哲学的特点应该包括对其专用术语设定明确的定义，进行严格的推理论证，通过透明的并合乎逻辑的方法阐述思考过程。沃尔夫是最早使用德语发表大量哲学作品的学者之一，在这一领域，他通过翻译拉丁术语，为丰富德语中的哲学术语做出了巨大贡献。他和他的学生们为新型理性主义哲学的全面系统化所做的努力，使大学的教学内容与后笛卡尔时期的新型哲学得以保持一致。他的学生包括亚历山大·戈特利布·鲍姆加登（1714—1762），其教科书后来成为伊曼努尔·康德等人进行形而上学授课以及哲学实践的参考依据。鲍姆加登通过写出《美学》（*Ästhetik*，第 1 卷出版于 1750 年，第 2 卷出版于 1758 年）一书，构建了一种以沃尔夫哲学为基础的综合美学理论，这一理论后来又被鲍姆加登的学生格奥尔格·弗里德里希·迈尔（1718—1777）进一步发展提升。

犹太哲学家摩西·门德尔松（1729—1786）是这种美学理论的重要批评者，他是德国启蒙运动的杰出代表，同时还是 18 世纪兴起的犹太启蒙运动——也被称为“哈斯卡拉”（Haskala）运动——的先驱。他指责鲍姆加登和迈尔在对美学经验进行形而上学和高度抽象的论证时，恰恰忽视了经验的要素：美学是一门必须在开始体验时就应该确立原则的分支学科，这也意味着观察美好事物时就会产生复杂多样的感觉。

门德尔松不仅发表过美学作品，还写过大量关于犹太神学的文章，他的哲学兴趣非常广泛。在《斐多或论灵魂不死》（*Phädon oder über die Unsterblichkeit der Seele*，1767）中，他推动了理性心理学的发展；在《论形而上学科学中的明晰性》（*Abhandlung über die Evidenz in den metaphysischen Wissenschaften*，1763）中，他认为形而上学应该被理解为一种概念上的分析学科。这篇论文是柏林科学院“关于形而上学知识的性质（与数学知识的比较和界定）”有奖征文的参赛作品，门德尔松获得了一等奖。二等奖颁给了另一位哲学家的《关于自然神学和道德的原则的明确性研究》（*Untersuchung über die Deutlichkeit der Grundsätze der natürlichen Theologie und Moral*），后者已经开始陆续发表了一些高水平的作品，但在这时还没人能够预见到这些作品在哲学史上的重要意义，他的名字就是伊曼努尔·康德。

第七章
因果律与情感主义：贝克莱、休谟和斯密

贝克莱的非物质主义

约翰·洛克、乔治·贝克莱和大卫·休谟经常被贴上“英国经验主义”的标签。然而，正如贝克莱对洛克哲学做出回应时表明的，这几位思想家在基本议题上存在着明显分歧。

乔治·贝克莱（1685—1753）从1700至1709年曾在都柏林求学。后来又到北美洲尝试进行传教并创办学院（1728—1731），在这些努力都逐一失败之后，他不得不重返爱尔兰,并于1734年被任命为克洛因(爱尔兰)

的主教。贝克莱在25岁时曾经出版过一部《人类知识原理》(*A Treatise Concerning the Principles of Human Knowledge*, 1710)。在这本书中，他提出了“非物质主义”(Immaterialismus)的观点：物质实体并不存在，观念和物理客体只有在被有限或无限的心灵感知时才存在。这一观点后来被归纳为著名的格言“存在就是被感知”(Esse est percipii)。贝克莱的非物质主义思想在当年很快就受到猛烈的抨击，为此，他试图通过《海拉斯与斐洛诺斯对话三篇》(*Three Dialogues Between Hylas and Philonous*, 1713)一书来加以解释。在《被动服从》(*Passive Obedience*, 1712)一文中，他提出了基督教“唯灵论”观点，主张绝对服从法律以及立法者——封建君主。在政治哲学上，贝克莱的思想与洛克的自由主义立场形成鲜明对比；即使在《人类知识原理》这种哲学著作中，他也不忘对洛克提出原则性的批评。贝克莱否认“抽象观念”的存在，因此也即否认了洛克的认知哲学与语言哲学的支柱之一。贝克莱的观点有时被人理解为：抽象观念不符合理性，因为它们提供的是没有具体直观内容的表征主义观念。于是，贝克莱可能将洛克的理论错误地归结为一个表征主义理论。然而实际上，贝克莱的观点更应该被理解为：抽象的观念很容易导致矛盾，因此无法继续存在。例如，平行四边形的抽象观念应该是某种图形，要么**没有特定**的属性（正方形**或**菱形），要么**具有相互矛盾**的属性（正方形**和**菱形）。

此外，贝克莱认为，抽象观念之所以形成上述不合理的概念，是由于受到错误的语言观念的干扰，根据这种观念，语言表达需要在某种观念内才能有意义。而这正是洛克的语义学观点之一。按照贝克莱的观点，人类只有一个个具体的观念。当然，普遍的观念也可以存在，因为任何一个具体的观念都可以代表其他同类的具体观念。因此，世界上存在着符合上述意义的普遍观念，但不存在抽象的观念。

对抽象观念的批判之所以至关重要，是因为在唯物主义学说中，“以为房屋，山岳、河流，简言之，一切可感知的东西，都有一种自然的、实在的存在，那种存在是和被理解所感知的存在不同的”（《人类知识原理》第 4 节），归根结底是“依靠抽象观念的学说的”（《人类知识原理》第 5 节）。那么，贝克莱从中发现了哪些联系？我们可以回顾一下洛克对第一性质和第二性质的划分。物质实体的第一性质与我们人类无关，相当于这些实体的固有性质（大小、形状、广延等）。第二性质是这些实体在我们心中产生的颜色或气味等观念，与实体本身并无相似之处。洛克假设物质实体具有客观性质，我们将其称之为“第一性质”以及让我们感知到颜色或气味的意向属性。

针对这一观点，贝克莱提出了三条反诘意见（《人类知识原理》第9—15节以及第22节和以后部分）。首先，他否认第一性质与第二性质之间可以进行有效区分，因为这两种性质作为观念，都是依靠心灵产生的，而不是来自物体。简而言之，所有的性质实际上都是第二性质。其次，贝克莱否认独立的物质实体在我们身上**产生**观念的想法，因为在思想的流动中，我们无法感知到前因后果，我们感知到的只是这些观念的延续。关于原因的观念根本不是来自物质实体对人类心灵的影响，而是来自人类愿望产生的活动：我们之所以形成这种观念，是因为人类完全可以通过自己的主观愿望做到某些事情。最后，贝克莱在他的第三条反对意见中，着重批评了“物质实体无须依赖人类而独立存在”的观点：这种实体肯定是非思想性的，并具有大小、形状或广延等性质。但是，大小、形状或广延都是观念而已。由于观念只能存在于精神中，物质实体的概念就蕴含着某种矛盾：作为非精神实体的概念，它却具备了只有精神实体才有的性质。由此体现出贝克莱在对抽象概念进行批评时建立的联系：根据这一批评，抽象概念蕴含着矛盾之处，因为它们赋予实体不可能同时具备的属性，这同样适用于物质实体的概念。因此，对贝克莱来说，洛克对此几乎无法自圆其说，也就是将物质实体视为第一性质的支撑载体，也就不足为奇了。（在贝克莱看来，洛克的语义学思想只是为了论证其物质实体的观念，其理论基础就是错误的——任何语言表达都需要建立在相应的观念之上。）

我们只能感知到观念，那么日常生活中的各种事物只不过都是观念的集合。这些事物的存在前提是被有限的或者无限的心灵所感知。（因为上帝作为无限的心灵，永远都可以感知到一切观念，因此可以确保事物不会消失，但没有任何有限的心灵可以感知到这些观念。）根据贝克莱的“核心论证”（Master argument）：我们是无法单靠自身想象出某些独立于心灵之外的客体的，因为如果我们需要将这种客体视为独立于心灵之外的状态，就只能依靠心灵的想象了。需要指出的是，贝克莱在这里犯了一个简单的错误：混淆了想象行为本身与想象的内容。如果我们想象一个独立于心灵之外的客体，我们必须完成一次想象行为，但这并不意味着这一行为的内容就是一种精神行为。时至今日，能否用贝克莱思想驳倒这种批评观点，还始终存在着争议。

贝克莱并不认为自己的非物质主义立场与人们的理性常识存在抵触，恰恰相反，人们通常认为自己所感知的事物是真实存在的。他们无法相信在观念的面纱背后，还有无数不为人知的物质实体在借助神秘力量影响着我们。对贝克莱来说，关于物质实体的假设很容易让人们产生怀疑论思想，因为它可能导致人们面临一种风险：在观念面纱之后的物质世界与我们平时所感知的世界截然不同。因此，任何想拒绝怀疑论、并且想坚持常识的人都必须否认物质实体的存在。如果说物体都是各种观念的集合，那么像颜色或大小这样的性质则只能存在于物体中，而不仅仅是人们的思想中。这同样也符合常识。

休谟的因果性分析

贝克莱的批判性观点产生了很大影响，尤其是影响了苏格兰思想家大卫·休谟（1711—1776）。休谟在年轻时曾出版过两卷本的代表作《人性论》（*A Treatise of Human Nature*，1739/1740）。在这部处女作遭受世人冷落之后，休谟通过将其改写成两部更通俗易懂的作品，继续阐述自己的基本理念，即《人类理解研究》（*Enquiry*

Concerning Human Understanding，1748）和《道德原则研究》（*Enquiry Concerning the Principles of Morals*，1751）。通过发表一系列关于政治、经济和美学问题的文章（1741及以后），以及六卷本的《英国史》（*History of England*，1754—1762），休谟在18世纪中叶已成为名人。从1768年起，他开始在爱丁堡定居，在这里他与苏格兰启蒙运动的其他代表人物保持着交往，同时作为怀疑论者和无神论者饱受敌视。他的《自然宗教对话录》（*Dialogues Concerning Natural Religion*，1779）以及关于自杀和灵魂不朽的文章都是在他去世之后才出版的。

休谟接受的贝克莱思想包括对抽象观念的批评、对划分第一性质和第二性质的批评、对物质实体的否定以及主张原因观念并非来自经验。尤其对最后一点，休谟进行了深入的分析。跟洛克和贝克莱一样，休谟也认为世界上只有观念存在，但他在观念论中增添了一种新的区分方式，即印象（impressions）与观念（ideas）之间的区分。印象是感官刺激和身体的感受以及激情和情感方面的波动，其特点是充满力量与活力，而观念则是印象的弱化摹本。根据休谟的理论，所有的简单观念与简单印象都是相对应的，并可以精确复现后者（《人性论》

1.1.1)。这一观点被称为“复制原则”(Abbildprinzip),颇具批判性和建设性的意义。如果观念无法追溯到简单的印象，那就是虚构的；同时，我们可以通过追溯观念的起源来解释观念。在对复制原则进行论证时，休谟认为，通过研究人们的相关经验就会发现，每个观念都有相应的先前印象，无法获得感官印象的盲人或聋子自然也不会形成相应的观念。休谟的论点表明，复制原则更像一种具有经验概括作用的原则，而不是先验原则。

休谟将复制原则应用于因果关系的概念，也就是原因与结果之间的内在关联。因果关系的概念可以作为所有超越感官印象的经验论认知基础(《人性论》1.3.2),因此也是实现科学认知的基础。不过，根据我们通过观察获得的各种印象可以得知：如果一件事物伴随着另一件事物而出现，那么在两件事物之间必然存在着时间和空间上的关联。例如在台球游戏中，一个小球在受到撞击之后，就会随着另一个小球进行运动。此外，我们也可以借助记忆寻找关联，因此，只需要根据经验就可以确定两件事物之间的“恒常结合”(konstante Verbindung)。由此可以将因果关系的观念限定在“规则性”(Regularität)上。

但是，上述理论与我们约定俗成的观念产生了矛盾，即某个特定的原因“必然”会导致出现某种相应的结果。那么，这种约定俗成的必然性观念从何而来呢，尤其是当它属于我们关于因果关系的概念，并且属于自然事件的自然规律时？休谟在论证中首先表明，必然性的观念既不是来自经验，也不是来自一般原则，更不是像贝克莱所说的那样来自“我们人类自己的意志行为的因果律经验”，因为在这种情况下，我们只拥有一系列“内在（或内在和外在）”的观念。休谟进一步认为，根据 A 和 B 两个事件之间的“恒常结合”总结出的经验，我们可以在这些事件之间推断出一种稳定的联系。这些都可以归结为习惯。在这种习惯的推动下，人类的心灵可以根据对 A 的印象，不由自主地产生一种关于 B 的想法。这种习惯性倾向是经验和习惯在心灵中产生的新印象。我们只需要根据这种印象，就可以形成必然性的（简单）观念，而它又是隶属于因果关系的（复杂）观念。

因此，休谟得出结论：根据自然规律总结出的因果关系必然性，实际上来源于人类的主观意识。虽然在人类经验中确实存在着规则性，但因果关系是主观意识在经验中的投射（《人性论》1.3.14）。因果关系的观念并没有真正体现世界的关系，而是我们投射到世界运行规律上得出特定结论的习惯性倾向。在最近的相关讨论中，有人提出了与这种解释相反的观点：休谟主张的其实是一种怀疑论实在论的思想，这种思想认为，世间万物中确实存在着真正的因果力，但是对我们人类来说是无法识别的。

休谟还得出另一个结论：如果我们根据过去的经验总结出关于“恒常结合”必然性的观念，那么，我们有什么理由认为这种关联在未来还将持续存在？对此，我们只能根据过去的经验发现某些原则，如自然界的演化进程是恒久不变的，自然规律即使在未来也仍与过去相同。然而，如果这些原则是根据以往的经验得出的，我们就不能将其用于推断未来发生的事例与过去相同。因果联系的必然性和自然保持不变的原则都来源于人类的主观意识。

卡尔·波普尔在《客观知识》（*Objective Knowledge*）中认为，休谟解答了一个逻辑问题和一个心理学问题：从我们经历过的（重复）事例推出我们没有经历过的其他事例（结论），这种推理我们证明过吗？休谟的回答是否定的。这一逻辑问题也被称为“归纳问题”（Induktionsproblem），因为它探寻的是归纳结论的合理性问题。尽管如此，为什么所有人都期望并相信他们没有经历过的事例同经历过的事例相一致呢？休谟对这一心理学问题的回答是：完全是出于习惯，我们每个人都有形成某种期望的强制性倾向。波普尔在《客观知识》中说："由于这些成果，休谟自己——曾经是最有头脑的一个人——变成了一个怀疑论者，而同时又变成了一个非理性主义认识论的信仰者。"

作为怀疑论者、自然主义者和情感主义者的休谟

波普尔认为休谟是一位怀疑论者。实际上，休谟的观点看上去确实有点像怀疑论。例如，他否认物质实体的存在，还否认我们有能力推断未来，并且认为因果关系在万事万物中并不具备任何力量。《人性论》在这方面提出了大量怀疑论的观点。在一个著名的论证中，休谟甚至对"自我"都产生怀疑（《人性论》1.4.6）。如果根据复制原则，任何简单的观念都应该是简单印象的摹本，那么持久的"自我观念"又从何而来呢？因为我们找不到这种印象，所以"自我"只不过是一束知觉。

休谟的苏格兰同胞托马斯·里德（1710—1796）在《按常识原理探究人类心灵》（*Inquiry into the Human Mind on the Principles of Common Sense*，1764）一书中认为，《人性论》可以被视为休谟强化了观念论中固有

的怀疑论倾向。在里德看来，观念论是以从笛卡尔到休谟等哲学家的一系列相似论断为基础建立起来的，他们都主张“观念是思维的唯一直接对象”，也是我们可以直接确定是否存在的唯一对象，而物质对象只有通过观念才能间接了解。因为人类能够直接获取和确认的只有观念，所以人类对外部现实的信念从一开始就很容易陷入怀疑。里德认为，在观念论的代表人物中，几乎没人可以提出任何关于“观念存在”的论据。里德的贡献在于将从笛卡尔到休谟的各种理论，重新总结为统一的理论表述体系，并建立一种“常识哲学”作为反驳依据。其中，“常识”（Commonsense）是一个含义模糊的概念。首先，里德认为常识指的是所有正常成年人都认同的大量无法证明的原则。其次，常识描述了对“第一原则”进行评估确认的能力。通过常识可以判断自证原则的真假。里德认为，所有的知识和科学都必须以这种常识原则为基础。从某种意义上说，里德因此为作为反思原则的先天观念学说注入了新的生命。

不过，人们也可以在不涉及观念论的情况下阐述休谟关于因果关系的观点。波普尔就是如此。因此这让人不禁对里德的解释质疑。重要的是，里德和波普尔论述的都只是《人性论》的第一卷，而这本书由三卷组成：

分别为“论知性”“论情感”“论道德”。正如休谟在此书的“引论”中所阐明的，他追求的宏伟目标就是为“人的科学”提供基础。他提出，人的科学是“其他一切科学唯一牢固的基础，然而我们对这一科学本身所提供的唯一牢固的基础，又必须建立在经验与观察的基础之上”。休谟为“人的科学”建立的主旨是，我们的智力成果“是我们天性中感性部分的活动，而不是认识部分的活动”（《人性论》1.4.1）。从这个角度看，休谟的怀疑论思想与表面上并不相同。

休谟看似怀疑论的观点表明的是一种回答模式，即如果我们只依靠理性，可能无法解决怀疑论方面的任何问题。我们不能完全依赖人类本性的理性部分，因为对本性来说，很多根本性问题至关重要，不能只依赖于那些不确定的结论和想象（《人性论》1.4.2）。第二卷探讨的是人类的情感和意志。休谟认为“理性不足以产生任何行为”；这些行为只能由情感、愿望和个人偏好驱使产生。理性应该被视为适宜的手段，而情感才是真正的目标。在这本书著名的一节中，休谟强调了这一观点，即“理性是情感的奴隶，除了服务和服从情感之外，再也不能有任何其他的职务”（《人性论》2.3.3）。休谟将认识论、行为论以及下文即将探讨的道德哲学都归结于“情感”。诺曼·肯普·史密斯的《大卫·休谟的哲学》(*The Philosophy of David Hume*，1941)认为，“理性始终都从属于情感”应该被视为休谟哲学的关键要素。这一观点导致休谟被解释为自然主义者，而不是怀疑论者。

在《人性论》第一卷的结尾，这种关联体现得尤为明显。其中，休谟不无忧虑地回顾了自己对因果关系、投射以及归纳的怀疑，并提出了一个自我反思的问题：人们能否在理性受到怀疑的情况下，继续依据像理性这样不可靠的工具进行推导论证。休谟认为，人们只有在出现强烈的行动倾向时，才能信任理性，并为此引入一种既注重实用又注重情感的可靠性衡量标准。休谟最后还强调，反对宗教迷信是他哲学体系中的一个特殊社会动机，因为通常而言，宗教中的错误是危险的，而哲学中的错误只是可笑而已(《人性论》1.4.7)。显而易见的是，这表明休谟写作此书时有着鲜明的神学和宗教批判动机，即建立一门关于人性的科学。因此，休谟在最后一部作品致力于批判宗教，绝非偶然现象。休谟是近代哲学中少数几位没有从思想根源上参考神学权威性的哲学家之一。保罗·拉塞尔甚至认为，休谟阐述怀疑论思想的目的就是清除受基督教影响的哲学理论与教条，并使哲学真正成为“人的科学”[《休谟的〈人性论〉之谜：怀疑主义、自然主义和无宗教信仰》(*The Riddle of Hume's Treatise: Skepticism, Naturalism, and Irreligion*), 2008]。因此，休谟通过为哲学指明一条摆脱宗教**和**形而上学束缚的独立之路，实现了对人的自主性的贡献。

在第二卷“论情感”和第三卷“论道德”中，休谟提出的四个观点对后世的影响非常深远：

1. 在关于情感性质的讨论中，很明显，休谟并不像利普修斯在“新斯多葛主义”的传统中，或者像笛卡尔和斯宾诺莎那样，围绕主体应该如何处理个人情感的议题展开论述，他关注的是情感的社会功能及其在价值归属形成过程中起到的作用。例如骄傲和谦卑是两种来源于某个主体与充满快乐或充满痛苦的骄傲相结合的情感。比方说，拥有一座美丽的房子或一个清醒的头脑，都是带来快乐的性质，因此让人感到骄傲。然而，这些骄傲的具体价值取决于该骄傲在社会上可能获得的评价，因此骄傲也取决于社会评价。骄傲是主体与自身的情感关系，对此，休谟将其视为一种主体间中介的关系，而不是像他在质疑自我的同一性时(《人性论》1.4.6)，将其仅视为一种主观的关系。但是，为了推动情感作为一种社会纽带和自我参照的基础而发挥作用，需要一种

“条件反射”式的工具来促进人与人之间的情感交流。休谟在“同情”（Sympathie）中找到这一工具。这是人们与生俱来的一种本能机制，可以自动激活人们与他人（或动物）可能产生的情感。（很明显，休谟对“同情”一词的使用与当今日常语言中对“同情”的使用有很大区别。）

2．上文引用的那段话：“理性是情感的奴隶，除了服务和服从情感之外，再也不能有任何其他的职务”，给休谟的行为论增添了戏剧化的表达效果。根据休谟的观点，所有的理性推论有可能是各种不同观念之间的先验性联系，还有可能是观念之间的经验联系，因此也可能是关于因果之间的联系。根据这种区分方式，休谟认为，理性永远不能单独成为任何行为或意志的动机。事实上，理性推论只能将人们引向真正的议题，或者作为用于特定目的的手段，供人们使用，但绝不能成为真正的特定议题或备用手段，尤其不能用于当作推动某些行动或意志的特定决策依据；这种决策依据只能是快乐或者不快乐的感觉以及人类的情感状态。因此，仅凭理性推论不能成为人类主观行为的动机，真正的行为动机只能是一种情感状态。

3．在第三卷“论道德”的开头，休谟遵循了上文概述的行为与决策理论，如前所述，他认为道德评价并非建立在理性的基础之上。道德原则与人类可能实施的行为之间存在着一种根本性的联系，即道德区别及其所依据的原则必须是行动的动机。不过，休谟在第二卷中已经指出，人类单靠理性并不能推动任何行为和决定。也就是说，道德区别及其所依据的原则不能仅以理性为基础（《人性论》1.3.1）。因为道德判断同样可以激励我们的意志，由此进一步推动我们的行为，不过，在此过程中只能激励人的情感，并不能激励理性，因此道德判断是以情感为基础的。这种伦理学立场被称为“情感主义”（Sentimentalismus）。休谟进一步加以论证：人们需要借助一种类似于感官认知的能力去探寻道德品质。在这里，休谟遵循的是弗兰西斯·哈奇森（1694—1746）创立的“道德感官”理论传统。决定某种行为是善是恶的道德品质与感官认知中的第二性质具有相似之处。洛克曾经提出，只有在物质躯体对人类感觉产生影响的情况下，人类才能感知到颜色的特征。简而言之，在道德上属于善的行为应该是那些获得人类情感上认可的行为，而在道德上属于恶的行为则应该是那些被人们从情感上拒斥的行为。当然，我们为此还需要从一种保持距离的视角来观察这些行为，由此避免我们的情感反应出现主观偏差，正如我们需要在合理的光线下才能看清颜色。休谟将这种远观的视角称为“一般观点”(《人性论》3.3.1)。由于休谟眼中的行为动机必然是情感状态，因此在对人类的行为进行道德评价时，离不开某种工具来解读这些情感状态。而这种工具就是“同情机制”。

4. 以“情感主义”为基础，休谟在《人性论》中总结出一条获得广泛响应的原则：人们无法从事实判断(“实然”)推论出价值判断(“应然”)。这一原则被称为“休谟法则”，虽然最初在休谟的著作中，它只是作为观察原则被提出的，但却为情感主义提供了另一项论据：由于理性只能向人们提供事实陈述(或者先验性质的描述性陈述)，因此单凭理性无法证明价值判断是否合理。还有一点必须注意，休谟只是强调了“仅凭理性不能激发行为或完成道德区分”。但是，对休谟来说，“理性”在这两种情况下仍然发挥着某种作用。那么，“理性”究竟从中发挥了什么作用，还需要我们进一步加以探讨。

斯密对休谟道德哲学的进一步发展

亚当·斯密(1723—1790)是休谟最亲密的朋友之一。休谟和斯密对苏格兰启蒙运动的影响，就像歌德和席勒对德国古典文学的影响一样，他们两人的影响力也同样超出了自己的国界。斯密在道德哲学和经济学各有一部经典著作，分别是《道德情操论》（*Theory of Moral Sentiments*，1759）和《国富论》（*Inquiry into the Nature and Causes of the Wealth of Nations*，1776）。在他的思想中，始终对人类在自利性和利他性上的判断能力抱有一定的信心，同时拒绝依靠道德原则或政治规则来指导评判的企图。在《国富论》一书中，斯密认为，政府应该尽可能减少对企业施加监管，因为企业本身就是最擅长自主追求自身利益的。“看不见的手”（invisible hand）这一著名隐喻指的是每个人的自利行为就可以使社会实现繁荣。与此同时，斯密认为，政府必须远离企业主，原因在于政府只在乎自身的利益，而不是全体公民的利益。与新自由主义思想不同的是，斯密认为，国家有义务维护法治体系，监管银行，监督与重大公共利益密切相关的设施（例如交通系统），为了保障穷人的利益，还可以在一定范围内指导商品的再分配。当然，这些观点并不能改变这样一个事实，亚当·斯密推崇的是一种不干涉经济、也不干涉公民道德生活的“小政府”。

从表面上看，《道德情操论》似乎更像是一部心理学或社会学著作，而不是关于伦理规范的主题。不过，斯密在这本书里确实提出了规范性的要求。这些要求的主旨思想是“同情心”与“公正旁观者”（impartial spectator）的概念结合在一起。斯密的道德哲学受休谟的情感主义思想影响很深，因此，这也意味着斯密认同“情感是道德行为与道德判断的必要动机”。相比较而言，休谟的基本理念具有公式化的或可预期的特征，而斯密则有时会为这些理念赋予更精确的结构，或者提供新方向。比方说，休谟将“同情”理解为一种情感机制，可以让人由此体验他人的情感。而斯密则完全相反，他认为“同情”是一种为他人设身处地着想的想象力，是针对他人情感状态做出的积极反应。与休谟的观点不同，斯密认为他人的情感与个人情感之间存在着差异。斯密根据经验，从旁观者与行为当事人或者受害当事人之间的情感分歧和趋同中发现了进行道德判断的依据。例如，我们观察到有人受到冒犯，出于对被冒犯者情感反应的同情，我们会形成对冒犯者的道德判断。

因此，当一位旁观者努力超越伴随这种同情反应出现的局限性，以及在主观上和社会利益上出现依附性，同时具备一种充分掌握信息的公正旁观者的视角时，那么，他在推动道德判断的情感上就会更具权威性。从这个角度来看，认同他人的情感意味着认同后者在道德上的合理性，而偏离这种情感则意味着在道德上予以谴责。因此，道德规范是充分掌握信息的公正旁观者的一种情感表达。只有在充分掌握信息的公正旁观者同意时，才能对行为当事人或者受害当事人的情感进行具体的道德评估。通过强化休谟的概括性理论，斯密试图找到某种足以衡量是否具备“合宜性”的标准。

亚当·斯密提出的这种“公正旁观者”虚拟形象，主要面临着两种反对意见。

首先，虽然我们可以在道德实践中形成道德旁观者的观察视角，但我们似乎并不清楚这一视角如何才能摆脱特定的时代偏见和文化偏见。我们以道德实践为出发点，但并不意味着公正旁观者的视角不能包括其他社会公正人士的道德判断。斯密只是在不断强调，我们的情感深受个人成长的文化环境与社会环境的影响，因此很难想象公正的旁观者如何发挥纠正作用。斯密曾经多次提及几位这样的旁观者，例如他说，“只有在得到每一个公正旁观者的充分同情”，感激或愤恨才显得合宜并为别人所赞同（《道德情操论》2.1.2.2）。因此，不同的旁观者也完全可能产生一致的想法。

其次，我们在借助虚拟形象为道德判断进行论证时，就会导致出现一个问题：认同这种观点的依据到底应该是什么。对此，我们可以在这里找到答案。与休谟一样，斯密认为，如果道德能力在反思过程中通过自身以及通过其他认知能力获得了认可，那么这种道德能力就具有正当性。在某种程度上，斯密设计的“公正旁观者”也表明：他肯定会认同这一观点。此外，道德能力也可以通过实现自我利益获得认可，当然其中的前提是这种自我利益与我们通常所理解的自我利益并无冲突。根据斯密的观点，人类幸福的主要部分来自“被人爱”的意识，而实现这种爱的重要原因之一就是具备成为“公正旁观者”的能力。

我们目前还不清楚斯密的伦理学与其经济学之间有哪些具体关联。斯密认为自己的道德哲学是亚里士多德的“美德伦理学”的一种变体。但是，与亚里士多德的区别在于，斯密拒绝承认公民在政治体制内才能实现美好的生活。正相反，在他看来，政府应该尽可能避免干扰公民的经济利益和道德修养。因此，伦理学和经济学对斯密来说是截然不同的两个学科。还有人认为斯密提出了一种理念，根据这一理念，伦理学应该成为经济学的补充，倡导在自由市场经济中缺乏的各种约束力，例如瑞安·帕特里克·汉利的《亚当·斯密和德性人格》（*Adam Smith and the Character of Virtue*，2009）。

第八章

自由与启蒙：休谟、卢梭和启蒙哲学家

休谟在巴黎：启蒙运动、百科全书派和沙龙

1763 年，随着英国和法国之间，以及普鲁士和奥地利之间签署了条约，七年战争（1756—1763）终于结束。这份巴黎和约确保了英国对北美和印度的统治权，由此也标志着大英帝国开始称雄世界。被英国王室派到巴黎协商制定和约的是赫特福德伯爵。受赫特福德伯爵的邀请，大卫·休谟也作为谈判代表团的成员前往巴黎，并从 1763 年 10 月一直居住到 1766 年 1 月。凭借他写的《英国史》，休谟在欧洲大陆已成为知名作家，尤其

是在作为欧洲启蒙运动中心和“启蒙哲学家”发源地的巴黎。在这里，他不仅需要结交专业领域的哲学家，还要认识一批知识分子、文化批评家、宗教怀疑论者、政治改革派以及革命者。历史学家彼得·盖伊在《启蒙运动》（*The Enlightenment: An Interpretation*，1966）中介绍这批“启蒙哲学家”时曾经说：“这是一个提倡世俗主义、人道、世界主义，尤其是自由的纲领。这里说的自由包括许多具体形式：免于专横权力的自由、言论自由、贸易自由、发挥自己才能的自由、审美的自由，总之，一个有道德的人在世界上自行其是的自由。”

法国启蒙运动的里程碑作品之一就是《百科全书》，全称为《百科全书，或科学、艺术和手工艺分类字典》（*Encyclopédie, ou Dictionnaire Raisonné des Sciences, des Arts et des Métiers*，1751—1772）。这部著作的编纂目的是用通俗易懂的方式向世人全面介绍科学、艺术和手工艺成就。最终完成的全套作品总计有28卷，由7万多篇文章组成。休谟在1765年离开巴黎时，《百科全书》已完成17卷。数学家让·勒朗·达朗贝尔（1717—1783）曾经为此写过《百科全书序言》（*Einleitung zur Enzyklopädie*，1751），其中，他以经验主义认识论为基础，提出一种依托于记忆（历史）、理性（哲学）和想象（诗歌）这三种认知能力的全面的人类知识体系。参与《百科全书》编纂工作的作者包括霍尔巴赫（1723—1789）、伏尔泰（1684—1778）和达朗贝尔，还有德尼・狄德罗（1713—1784）、查尔斯・皮诺・杜克洛（1704—1772）、弗里德里希・梅尔基奥尔・格里姆（1723—1807）、让－弗朗索瓦・马蒙泰尔（1723—1799）、安德烈・莫雷莱（1727—1819）、让－雅克・卢梭（1712—1778）和安・罗伯特・雅克・杜尔哥（1727—1781）。休谟在巴黎期间与他们都有私人交往。

在巴黎，休谟进入的是一个与爱丁堡或伦敦截然不同的公共思想领域。他活跃在霍尔巴赫男爵、朱莉・德・莱斯皮纳斯夫人（1732—1776）、玛丽・特雷瑟・罗黛・乔芙兰夫人（1699—1777）、安妮・凯瑟琳・德利尼维尔・爱尔维修夫人（1722—1800）、德芳侯爵夫人（1697—1780）和布弗勒伯爵夫人（1735—1800）的多个沙龙里，其中，布弗勒伯爵夫人甚至还与休谟建立了一种亲密关系。这些博学多才的女士不仅作为沙龙的女主人，推动了超越社会阶层、民族或性别界限的学术辩论，并由此形成资产阶级公共领域的一种重要形态，而且她们中的许多人还为近代哲学和启蒙运动中的哲学讨论做出了贡献。

其中一个出色范例就是数学家兼哲学家艾米丽·杜夏特莱侯爵夫人。她是法国最早将自然哲学思想从笛卡尔主义转向牛顿物理学方向的学者之一。她与密友伏尔泰共同撰写了《牛顿哲学原理》（*Eléments de la Philosophie de Newton*，1738）一书。在其代表作《物理学教程》（*Institutions de Physique*，1740）中，她为牛顿的物理学奠定了形而上学的基础，并且她还完成了牛顿的《自然哲学的数学原理》（*Philosophiae Naturalis Principia Mathematica*，1687）的第一个法文译本，该译本在她去世之后才出版（1759）。在《物理学教程》中，杜夏特莱夫人以认识论原则为依据，从中推导出形而上学的相关原则，这些原则是物理实体的性质及其相关规律的基础。与莱布尼茨一样，杜夏特莱夫人也是从作为所有其他真理依据的"矛盾原则"和"充足理由原则"开始论证。借助矛盾原则，可以将不可能性（也包括矛盾）与可能性区分开来，把必要性（在无矛盾时就不得否定）与偶然性区分开来。根据充足理由原则，需要对"偶然真理"的存在加以解释。杜夏特莱夫人在证明上帝存在时，认为上帝有能力创造一个遵循可理解的统一法则的世界，因为，上帝的本性对物理学来说甚至比对道德更重要。由于广延原子具有无限可分性，因此世界上肯定有不可分割的非广延性质的实体作为物理实体的基础，这些实体既具有主动力（运动），也具有被动力（惯性）。由于这些实体本身所具有的非物质属性，物理学的研究对象就是所有物理实体的表象。杜夏特莱夫人在《物理学教程》的前九章奠定了形而上学的基础，后十二章则论述了牛顿物理学的基本概念和定律。

更接近启蒙哲学家关注领域的是杜夏特莱夫人的《论幸福》（*Disocurs sur le Bonheur*，1779）。在这本书中，她呼吁人们应该审慎处理那些能够决定个人生活的激情，使之成为实现幸福生活的工具。她根据自己的性格特征，将赌博、爱情和学习视为个人生活的主导激情。她尤其强调科学研究应该成为女性实现幸福生活的一种途径，因为与男人相比，女性几乎没有其他个人发展的机会。

杜夏特莱夫人比较幸运，她的反思只属于私人性质的自我反思，而且只是间接涉及当时社会中的女性地位问题。18 世纪末，玛丽·沃斯通克拉夫特（1759—1797）在《女权辩护》（*A Vindication of the Rights of Woman*，1792）中提出了男女在法律上应该平等的论点。她认为，男女在自然权利和政治权利上的差异是荒谬的，而且来源于偏见。鉴于权利和义务之间存在的对等性，沃斯通克拉夫特主张，既然女性在义务上饱受约束，那么她们也应该享有对等的权利。但人们为了维持女性只尽义务却没有权利的假象，只能选择将她们排除在教育之外，并教育她们学会服从。同时，她还认为，男女只有在一个民主的代议制国家内才能获得自由，为此，需要依靠法律保护两性在公共领域和私人领域免受独裁与暴力的侵害。正如杜夏特莱夫人将她对物理学的辩护建立在形而上学的基础上一样，沃斯通克拉夫特将她的政治要求建立在确保社会秩序井井有条的基本理念之上。当然，沃斯通克拉夫特的哲学已经受到1789年法国大革命这一划时代事件的影响，这场大革命的重要思想先驱也包括启蒙哲学家们，其中甚至还包括在政治上相对比较保守的休谟。

早在爱丁堡时，沙龙女主人安妮·凯瑟琳·德利尼维尔的丈夫克洛德·阿德里安·爱尔维修（1715—1771）曾经与休谟有过交往。爱尔维修（这个姓氏实际上是“瑞士人”的意思）在《论精神》（*De l'Esprit*，1758）中提出了与霍尔巴赫在《自然的体系》（*Système de la Nature*，1770）中相似的严格的唯物主义哲学。根据洛克提出的物质实体学说以及第一性质和第二性质之间的区别，霍尔巴赫认为物质及其运动是宇宙唯一的存在。在此之前，他的无神论思想以及对基督教的激烈抨击就已经让他备受争议了。爱尔维修的思想与他很相似，甚至还提出过一个引起轰动的观点：追求快乐和避免痛苦是影响人类的唯一动机。虽然这一观点在当时被很多人视为“对道德动机和原则的攻击”，但这实际上应该是古典功利主义的初始形态。在《论精神》出版一年后，巴黎议会和索邦大学对此书严词谴责，并下令公开焚烧，这一事实证明激进的“启蒙哲学家”在发表观点时并非毫无风险。这些事件迫使爱尔维修不得不花费很多精力去解决，但同时也让他在整个欧洲都声名鹊起。当然，启蒙哲学家们同时还呼吁他保持谨慎，以免危及整个百科全书项目。根据这些哲学家对达朗贝尔、霍尔巴赫和爱尔维修发表的简短评论不难看出，他们受约翰·洛克的经验主义思想影响很深。洛克的《人类理解论》早在 1700 年就被皮埃尔·科斯特翻译成了法语。伏尔泰在《哲学书简》（*Lettres Anglaises*，又称《英国书简》，1734）中称赞洛克是一位明智的、有条理的思想家，正是洛克摧毁了天赋观念，让人们恢复了自然理性。重要的是，伏尔泰进一步肯定了洛克关于“精神实体”存在可能性的猜测，为英国经验主义发展到法国唯物主义铺平了道路。

正如他在通信中表明的，休谟在巴黎的知识界氛围中过得非常愉快，只有刻板的唯物主义者和公开的无神论者反对他的怀疑论立场。爱尔维修、格里姆和达朗贝尔都敦促他更积极地批评基督教，这主要是因为休谟计划撰写一部基督教史，不过他没有付诸实践。亚当·斯密几乎与休谟同时游遍了法国。休谟跟斯密一样都对经济问题兴趣浓厚。他与经济学家杜尔哥探讨过多种税收制度——后者是《关于财富的形成和分配的考察》(*Réflexions sur la Formation et la Distribution des Richesses*, 1769) 一书的作者。因为休谟在其《论赋税》(*Of Taxes*，1742) 中曾经支持过消费税。所以我们有理由相信杜尔哥在与休谟的讨论中受其影响很深。正如杜尔哥在 1750 年的演讲《人类精神持续进步的哲学概述》(*Tableau Philosophique des Progrès successifs de l'Esprit Humain*) 中所阐述过的，休谟与唯物主义者和无神论者的观点其实很接近，都对进步的乐观主义保持怀疑，都认为历史是人类知识不断进步的成果。

卢梭的自由哲学：自爱、自我约束、自我感觉

当休谟于 1766 年 1 月 4 日离开法国时，陪同他的

是让·雅克·卢梭。卢梭当时已经作为《论人类不平等的起源和基础》(*Discours sur l'Origine et les Fondements de l'Inégalité parmi les Hommes*，1755)和小说《新爱洛伊丝》(*Julie ou la Nouvelle Héloïse*，1761)的作者闻名整个欧洲，1762年，他又发表了两部最重要的作品：小说《爱弥儿：论教育》(*Émile ou de l'Éducation*)和学术专著《社会契约论》(*Du Contrat social*)。在同一年，《爱弥儿》在巴黎被宣布为禁书，并遭到焚烧。卢梭不得不流亡到国外，可是他的家乡日内瓦也查禁了这两部作品，于是，卢梭只能在瑞士的莫蒂埃村避难。伏尔泰指责卢梭身为《爱弥儿》的作者却抛弃了自己的孩子，因此，当地的村民们也开始对卢梭的隐居生活施加压力。他不得不再次踏上逃亡之路，这次他选择的是比埃纳湖的圣皮埃尔岛，在这里他终于寻觅到了一份平静，并开始以收集植物标本为乐。不过，卢梭后来还是在1765年秋天被迫离开了这个隐居之地。

由于作品被禁后，卢梭在巴黎面临的形势充满风险，并且他在启蒙哲学家中树敌过多，因此布弗勒伯爵夫人恳请休谟将这位备受迫害的哲学家带往英国，并为他提供庇护。虽然休谟并不认同卢梭的诸多观点，例如他对当代文明中不自由状态的悲观论调，以及他对激烈政治变革的希望；但休谟还是很钦佩卢梭的才华，于是同意了上述请求。1766 年夏天，患有焦虑症和被害妄想症的卢梭开始怀疑休谟在仁慈的背后隐藏着针对自己的阴谋，并对休谟进行严厉指责。由于卢梭当时正在撰写自传，而休谟担心这可能对自己做出错误的指控，因此他在 1766 年 10 月向外界公开了这场争论。休谟写的这篇文章收录了狄德罗和格里姆的序言，而这两人都是卢梭臆想中的“敌人”，于是卢梭坚持认为自己的无端猜疑得以“证实”。1767 年 5 月，卢梭用假名重返法国，在承受着身体和精神上的痛苦的情况下，他写成了《忏悔录》（*Confessions*，1782，1789）以及其他若干作品。

卢梭离奇的人生经历及其唯我独尊的自大性格并不能代表他的哲学理念，因为他的思想始终以“实现自由”为目标。卢梭经常强调，有两个观点是他的核心思想：第一，“出自造物主之手的东西，都是好的，而一到了人的手里，就全变坏了”（《爱弥儿》的第一句）；第二，“人生而自由，却无往不在枷锁之中”（《社会契约论》的第一句）。卢梭根据这些思想归纳出一个根本性的问题，即在一个人们从物质到心理上都互相依赖的世界中，我们该如何维护自己的自由。对此，卢梭通过《社会契约论》做出了政治上的回答，通过《爱弥儿》

做出了教育上的回答，而他的一系列自传则做出了文学上的回答。

人类跟所有生物一样，都有自我保护的本能动力，卢梭将其称为“自爱”（amour de soi）。由于人类具备满足其自然需求的能力，因此在原始的自爱状态下，人们的自身需求会很有限，可以借助一种天然的“同情心”（pitié）与他人交流。但是，如果人们在某种社会组织内共同生活的话，各类商品产量会有所增加，在充满攀比和竞争的情况下，人们的需求就会随着他人的需求水涨船高，由此就产生了“自恋”（amour propre）。自恋可以导致人们与生俱来的自我认知标准受制于他人的奖赏和意见，并导致天然的同情心逐渐减少，因为理性和认知能力都以“自恋”为基础，由此将促使人们形成狭隘的“唯目的论”，从而进一步取代原本可以推动形成道德良知的同情心标准。这种竞争状态以及唯目的论就造成人类在物质上以及政治上的不平等。在卢梭看来，当今世界正处于这种充满自恋的不平等且不道德的腐败状态中。

一个理想的政体应该可以改善人们之间逐渐增强的共存关系和人们的自由度。政体只有在超越特定群体的利益，并且可以表达“公共意志”（volonté générale）

的情况下才能具备合法性。这一观点使卢梭的社会契约论与霍布斯或洛克的理论明显区分开来。在霍布斯的理论中，由于饱受“所有人反对所有人的战争”的折磨，人们自愿通过契约放弃各自的自然权利，去服从最高君主，而在洛克的理论中，拥有自然权利的个人只同意放弃各自的司法权和议会代表权，但同时尽可能地保持处于自然状态。卢梭的契约则要求同时务必实现两点：建立一种公共意志，并确保维护自由。唯有这样才能在一个政体内真正实现平等和自由。此外，出人意料的是，卢梭设计的“社会契约”并没有高于自然状态，因为他并不想克服假设的或者真实的自然状态，而是更注重克服当今世界以自恋和不平等为特征的腐败状态。公共意志恰好可以实现这一点。

公共意志是每个公民的自由意志。因此，每个公民都应该自愿服从这一意志。作为一种自治理念，“自治政府”可以缓解自由与平等在社会中的紧张关系。不过，卢梭关于“公共意志”的概念仍然充满若干谜团。例如有一种解释认为，这需要通过投票来表达公众的决定，因为只有这种流程才是确保所有人参与决策的公认的可靠方式。当然，由此也在投票人中造成了“少数派”的问题，因为投票结果显然无法体现出少数派的意愿。因此，卢梭关于所有投票人都同意进而形成上述公共意志这种方式的解释，似乎并不完全令人满意。

在另一种解释中，公共意志被视为超越公民的一种升华形式。这种解释所涉问题体现在卢梭提出的“立法者”（Législateur）理论中。因为当民众在腐败状态下组成某种政体时，他们几乎不具备制定理想法律的能力，甚至无法辨别什么是理想的法律，因此民众必须首先接受教育。为此，需要一位充满超凡魅力的立法者提出理想法律的草案，并在必要时赋予立法者善意的传奇色彩。目前，我们还不清楚立法者这种制定善法的能力到底从何而来。毕竟，这个角色应该被禁止行使政府的相关权力。一旦立法者完成了自身的使命，民众即可获得自治权。这种立法者的角色设计，再加上他关于公共意志的升华释义，导致人们怀疑卢梭与其说是直接民主制的先驱，不如说更像是极权主义国家体制的先驱。

无论卢梭的政治哲学可能蕴含着哪些备受争议的问题，但他的核心目标始终是维护并推动自由的进步。在历史的进程中，人类一直都在让渡自己在一切资源上拥有的天然自由，去换取法制条件下共同生活的公民自由。归根结底，道德自由来源于人们对法律的服从，而法律则是一个社会对赋予自己的公共意志的一种表达方式。这段人类自由的发展史将卢梭与他提出的关于当时世界处于充满自恋、不平等和不道德的腐败状态的理论体系结合在了一起。

正如卢梭对文化与政治哲学进行简要阐述时所表明的，自由的概念是其作品的核心理念。在《爱弥儿》第四卷的“一个萨瓦省牧师的信仰告白”中，我们可以看到卢梭关于在自我意识中体验自由的集中思考。卢梭思考的出发点是对于人类自身存在的直接经验和感官印象。如果说感官印象并不依赖于对其进行被动体验的主体，那么，人们关于自我存在的感觉也并非来自感官印象，而是直接被赋予的。不过，如果感觉的主体只是被动地获得体验，那他就无法对感觉进行比较和安置，但这正是主体所完成的任务。因此，在主体的相关活动中，已经包含了实现主体自身的感觉或主体彼此之间的感觉，而不是这种活动本身的感觉。在人的自我感觉中，不仅存在一个积极的并具备判断力的主体，而且还可以产生道德上的同情心。

对卢梭来说，主体的自发活动是自由的基础。依据自我意识的相关理念，他反对巴黎“启蒙哲学家”的唯物主义思想。世界上没有任何物质存在可以通过自身开展活动。同时，卢梭还认为休谟针对自由意志与决定论之间紧张关系给出的解决方案是远远不够的。这个被称为“相容论”（Kompatibilismus）的解决方案指的是，意志始终完全取决于个人动机，只要我能完成自己想要的行为，则可以认为我是自由的（《人性论》2.3.2）。对此，也许卢梭会反驳说，自由正是建立在主体的自我活动和自我决定上，也就是建立在主体的自主性上。

从卢梭到康德

卢梭在这里提出的自主性理论在某些方面提前指引了从理论与道德实践角度探索世界关系的“自决学说”（Selbstbestimmung），这一理论直接促使18世纪80年代的伊曼纽尔·康德在哲学上实现了“哥白尼式转向”，并最终提出了他的“先验哲学”（Transzendentalphilosophie）。现在，我们就在这儿简明扼要地总结一下康德的哲学理念。对此，康德在《纯粹理性批判》（*Kritik der reinen Vernunft*，1781）中阐述了这次哲学转变：世界上有一种普遍存在的先验（即独立于经验之外的）形式，可以为人们的感觉赋予一种抽象性的并且可以让人有意识加以理解的架构。这些感觉或者感官经验是通过一种我们只能将世间万物作为“物自体”（Ding an-sich）加以理解的方式赋予我们的。对于关于任何特定内容的描述，我们都必须超越贝克莱和休谟为表征主义观念论设定的理论界限：我们完全有能力表象某事，而不仅是想象或呈现它！不过，虽然康德关于先验形式的理论允许他接受这一理论界限，但同时他还是坚持拒绝休谟的怀疑论：先验形式可以从抽象的角度构建感官经验，为此需要将时空现实（经验现实）中获得的经验以及客观存在的客体组合成复合体（综合）。这些先验形式包括这些客体的实体性及其因果效力。与洛克和休谟的观点不同，康德认为实体和因果性可以被理解为经验对象表象的必要条件，而不是模糊或主观的观念。

康德认为，如果没有实现上述综合过程一体化的自我意识，是无法将这种认知对象联系在一起的。这种自我意识让人想起卢梭的“自我情感”（Selbstgefühl）。事实上，康德曾经对卢梭进行过深入的研究。正是这种研究使他与莱布尼茨－沃尔夫的学院派哲学渐行渐远，虽然在此之前他曾经支持过这种学说。除此之外，康德与休谟的交往也对这一转变起到了促进作用。但是，与卢梭不同的是，康德根据人类判断力的综合统一性原则，系统地将结构形式确定为纯粹的抽象概念，即范畴

（Kategorien）。从卢梭的自我情感中发现了人类的自我意识，即先验统觉（transzendentale Apperzeption），而这无非是判断力与综合思维统一组成的意识。因此，自主性观念可以被解释为一种形式上的自治：是我们自己将法律赋予这个世界，因为如果没有我们人类，世界上就不会存在类似法律的东西，因此在体验的世界中也就不存在任何必要的联系。

正如莱因哈特·布兰特在《卢梭与康德》（*Rousseau und Kant*，2001）一文中指出的，康德与卢梭有所不同，他在自己的《道德形而上学的奠基》（*Grundlegung zur Metaphysik der Sitten*，1785）和《实践理性批判》（*Kritik der praktischen Vernunft*，1788）中，还将这种纯粹的自主性观念用于道德哲学。在这一领域，人们在道德实践中实行“自我立法”的基础并不是感情，当然也有可能因人而异。相反，世界上肯定还存在一种具有普世性的和纯粹形式化的原则，只要我们是人类（因此是有限理性的存在物），这种原则就适用于我们。这一原则就是康德的“定言命令”（kategorischer Imperativ），因此，作为有限理性的存在物，我们有责任选择自己行动的原则，以确保它们可以成为遵守“通用秩序”的行动原则。我们之所以认同这一命令，是因为我们很清楚它是来自理智的知性世界的道德法则，而我们作为这个世界的成员，可以借助这种知识来认识自己。因此，对康德来说，“自由”可以使认知主体与意志主体拥有形式上的自主性。在此基础上，康德最终在先验哲学的方法中以及在理论理性和实践理性的自我立法形式观念中，实现了对方法论、认识论和道德自决的近代指导原则的统一。

参考文献

下文列出了正文提过的相关原著和引用过的文献资料，同时还列出了具有参考意义的概述性作品以及详细论述了书中重要人物的其他参考文献。

原始文献

在没有做出其他说明的情况下，本书对引用的著作只标注章节名称或者章节、段落或分段的数字编号。

Arnauld, Antoine, *Œuvres de Messire Antoine Arnauld*,

hg. v. G. du Pac De Bellegarde u.J. Hautefage, Paris/Lausanne, 43 Bde., 1964ff.

Astell, Mary, *The Christian Religion, As Professed by a Daughter of the Church of England*, hg. v. J. Broad, Toronto 2013.

Berkeley, George, *The Works of George Berkeley, Bishop of Cloyne*, hg. v. A. A. Luce u. T. E. Jessop, London 1948ff.

Conway, Anne, *The Principles of the Most Ancient and Modern Philosophy*, übers. u. hg. v. T. Corse u. A. Coudert, Cambridge 1996.

Descartes, René, *Œuvres,* Ch. Adam, hg. v. P. Tannery, 12 Bde., Paris 1982ff.（引用时用缩写 AT）。

Descartes, René, *Discours de la méthode. Französisch-Deutsch*, übers. u. hg. v. L. Gäbe, Hamburg 1990.

Descartes, René, *Meditationen. Dreisprachige Parallelausgabe Latein –Französisch – Deutsch*, übers. u. hg. v. A. Schmidt, Göttingen 2004.

Descartes René, *Briefwechsel mit Elisabeth von der Pfalz*, frz.dt., hg. v. I. Wienand u. O. Ribordy, Hamburg 2015.

Du Châtelet, *Émilie, Essai sur l'Optique*, 1738. http://projectvox.org/duchatelet17061749/texts/essaisur-l%27optique.

Hobbes, Thomas, *The English Works of Thomas Hobbes of Malmesbury*, 11 Bde., hg. v. W. Molesworthy, London 1839ff., ND Aalen 1962.

Hume, David, *A Treatise of Human Nature*, hg. v. D. F. u. M. Norton, Oxford 2000.

Leibniz, Gottfried Wilhelm, *Die Philosophischen Schriften*, 7 Bde., hg. v. C. I. Gerhardt, Berlin 1875ff.

Leibniz, Gottfried Wilhelm, *Sämtliche Schriften und Briefe*, Darmstadt/Berlin 1923ff.

Locke, John, *The Works of John Locke*, 10 Bde., London 1823, ND Aalen 1963.

Locke, John, *An Essay concerning Human Understanding*, hg. v. P. H. Nidditch, Oxford 1975.

Malebranche, Nicolas, *Œuvres Complètes*, 21 Bde., hg. v. A. Robinet, Paris 1958ff.

Masham, Damaris, *The Philosophical Works of Damaris, Lady Masham*, Bristol 2004.

Rousseau, Jacques, *Œuvres complètes*, 5 Bde., hg. v. B.

Gagnebin u. M. Raymond, Paris 1959ff.

Smith, Adam, *The Theory of Moral Sentiments*, hg. v. D. D. Raphael u. A. L. Macfie, Oxford 1976.

Spinoza, Baruch de, *Spinoza Opera*, hg. v. C. Gebhardt, Heidelberg 1972 (1925).

Spinoza, Baruch de, *Ethik in geometrischer Ordnung dargestellt*, übers. u. hg. v. W. Bartuschat, Hamburg 1999.

Wollstonecraft, Mary, *The Works of Mary Wollstonecraft*, hg. v. J. Todd u. M. Butler, London 1987.

二次文献

概述性作品

Ayers, M./Garber, D. (Hg.), *The Cambridge History of 17th Century Philosophy*, 2 Bde., Cambridge 1998.

Cassirer, E., *Die Philosophie der Aufklärung*, Hamburg 2007 (1932).

Darnton, R., *Glänzende Geschäfte. Die Verbreitung von Diderots Encyclopédie oder: Wie verkauft man Wissen mit Gewinn?*, Hamburg 1998.

Haag, J./Perler, D. (Hg.), *Ideen. Repräsentationalismus*

in der frühen Neuzeit, 2 Bde., Berlin 2010.

Ottmann, H., *Geschichte des politischen Denkens: Die Neuzeit. Von Machiavelli bis zu den großen Revolutionen*, Stuttgart 2006.

Perler, D./Wild, M. (Hg.), *Sehen und Begreifen. Wahrnehmungstheorien in der frühen Neuzeit*, Berlin 2008.

Rutherford, D. (Hg.), *The Cambridge Companion to Early Modern Philosophy*, Cambridge 2006.

Yolton, J. W., *Perceptual Acquaintance from Descartes to Reid*, Minneapolis 1984.

关于介绍单个哲学家的作品

安托万・阿尔诺

Nadler, St., *Arnauld and the Cartesian philosophy of ideas*, Princeton 1989.

玛丽・阿斯特尔

Broad, J., *The Philosophy of Mary Astell. An Early Modern Theory of Virtue*, Oxford 2015.

乔治・贝克莱

Kail, P. J. E., *Berkeley's A Treatise Concerning the Principles of Human Knowledge. An Introduction*,

Cambridge 2014.

Kuhlenkampff, A., *George Berkeley*, München 1987.

艾米丽 · 杜夏特莱

Hagengruber, R. (Hg.), *Émilie Du Châtelet between Leibniz and Newton*, London 2012.

安妮 · 康威

Hutton, S., *Anne Conway. A Woman Philosopher*, Cambridge 2004.

勒内 · 笛卡尔

Gaukroger, St., *Descartes. An Intellectual Biography*, Oxford 1995.

Hatfield, G., *Descartes' Meditations*, London 2014.

Kemmerling, A. (Hg.), *René Descartes. Meditationen über die erste Philosophie*, Berlin 2009.

Perler, D., *Descartes*, München 1998.

托马斯 · 霍布斯

Kersting, W., *Hobbes*, Hamburg 2018.

Martinich, A., *Hobbes*, London 2005.

Martinich, A., *Hobbes. A Biography*, Cambridge 2007.

大卫 · 休谟

Garrett, D., *Hume*, London 2014.

Harris, J. A., *Hume. An Intellectual Biography*, Cambridge 2015.

Kuhlenkampff, J., *David Hume*, München 2003.

Streminger, G., *David Hume. Der Philosoph und sein Zeitalter*, München 2017.

戈特弗里德·威廉·莱布尼茨

Jolley, N., *Leibniz*, London 2005.

Hirsch, E., *Der berühmte Herr Leibniz*, München 2000.

Look, B. C., Leibniz's Metaphysics and Metametaphysics: Idealism, Realism, and the Nature of Substance, *Philosophy Compass* 5, 2010, 871–879.

约翰·洛克

Euchner, W., *Locke zur Einführung*, Hamburg 2011.

Lowe, J., *Locke*, London 2005.

Ludwig, B., Rehm, M. (Hg.), *John Locke. Zwei Abhandlungen über die Regierung*, Berlin 2012.

Woolhouse, R., *Locke. A Biography*, Cambridge 2009.

尼古拉·马勒伯朗士

Nadler, St. (Hg.), *The Cambridge Companion to Malebranche*, Cambridge 2000.

Pyle, A., *Malebranche*, London 2003.

让－雅克·卢梭

Brandt, R./Herb, K. (Hg.), *JeanJacques Rousseau. Vom Gesellschaftsvertrag oder Prinzipien des Staatsrechts*, Berlin 2012.

Starobinski, J., *Rousseau. Eine Welt von Widerständen*, München 2012(1971).

Sturma, D., *JeanJacques Rousseau*, München 2001.

亚当·斯密

Ballestrem, K., *Adam Smith*, München 2003.

Schliesser, E., *Adam Smith. Systematic Philosopher and Public Thinker*, Oxford 2017.

巴鲁赫·德·斯宾诺莎

Della Rocca, M., *Spinoza*, London 2008.

Hampe, M./Renz, U./Schnepf, R. (Hg.), *Baruch de Spinoza: Ethik in geometrischer Ordnung dargestellt*, Berlin 2006.

Nadler, S., *Spinoza: A Life*, Cambridge 1999.

玛丽·沃斯通克拉夫特

Halldenius, L., *Mary Wollstonecraft and Feminist Republicanism*, London 2015.

其他参考文献

Barth, Ch., *Intentionalität und Bewusstsein in der frühen Neuzeit*, Frankfurt a.M. 2017.

Bender, S., *Leibniz' Metaphysik der Modalität*, Berlin 2016.

Brandt, R., Rousseau und Kant, in: *Wechselseitige Beeinflussungen und Rezeptionen von Recht und Philosophie in Deutschland und Frankreich*, J. Kervégan, H. Mohnhaupt (Hg.), Frankfurt a.M. 2001, 91–118.

Broad, J./Detlefsen, K. (Hg.), *Women and Liberty 1600–1800*, Oxford 2017.

Fleischacker, S., *A Third Concept of Liberty: Judgment and Freedom in Kant and Adam Smith*, Princeton 1999.

Garber, D., *Leibniz: Body, Substance, Monad*, Oxford 2009.

Garrett, D., *Cognition and Commitment in Hume's Philosophy*, New York 1997.

Gay, P., *The Enlightenment: An Interpretation*, New York Bd. 1: 1966, Bd. 2: 1969.

Griswold, Ch., *Adam Smith and the Virtues of*

Enlightenment, Cambridge 1999.

Hagengruber, R./Rodrigues, A. (Hg.), *Von Diana zu Minerva. Philosophierende Aristokratinnen des 17. und 18. Jahrhunderts*, Berlin 2011.

Hanley, R., *Adam Smith and the Character of Virtue*, Cambridge: Cambridge University Press 2009.

Jolley, N., *The Light of the Soul. Theories of Ideas in Leibniz, Malebranche, and Descartes*, Oxford 1990.

Kemp Smith, N., *The Philosophy of David Hume*, London 1941.

Macpherson, Ch.B., *Die politische Theorie des Besitzindividualismus. Von Hobbes bis Locke*, Frankfurt a.M. 1990 (1962).

McCracken, C., *Malebranche and British Philosophy*, Oxford 1983.

Melamed, Y., *Spinoza's Metaphysics. Substance and Thought*, Oxford 2013.

Moreau, D., *Deux cartésiens: La polemique entre Antoine Arnauld et Nicolas Malebranche*, Paris 1999.

Nozick, R., *Anarchie, Staat, Utopia*, München 1976 (1974).

Ott, W., *Descartes, Malebranche, and the Crisis of Perception*, Oxford 2017.

Popper, K., *Objektive Erkenntnis*, Hamburg 1993 (1972).

Renz, U., *Die Erklärbarkeit von Erfahrung. Realismus und Subjektivität in Spinozas Theorie des menschlichen Geistes*, Frankfurt a.M. 2010.

Russell, P., *The Riddle of Hume's Treatise: Skepticism, Naturalism, and Irreligion*, Oxford 2008.

Saporiti, K., *Die Wirklichkeit der Dinge. Eine Untersuchung des Begriffs der Idee in der Philosophie George Berkeleys*, Frankfurt a.M. 2006.

Schmaltz, T. M., *Malebranche's Theory of the Soul: A Cartesian Interpretation*, Oxford 1996.

Schneewind, J. B., *The Invention of Autonomy. A History of Modern Moral Philosophy*, Cambridge 1998.

Schütt, H.P., *Die Adoption des Vaters der modernen Philosophie. Studien zu einem Gemeinplatz der Ideengeschichte*, Frankfurt a.M. 1998.

Simmons, J. A., *The Lockean Theory of Rights*, Princeton 1992.

Strauss, L., *Hobbes' politische Wissenschaft*, in: ders., *Gesammelte Schriften*, Bd. 3, Stuttgart 2001 (1936).

Strauss, L., *Naturrecht und Geschichte*, Frankfurt a.M. 1989 (1953).

Winkler, K., *Berkeley: An Interpretation*, Oxford 1989.

译名对照表

Agrippa 阿格里帕

Anselm von Canterbury 坎特伯雷的安瑟伦

Aquinas, Thomas 托马斯・阿奎那

Aristoteles 亚里士多德

Arnauld, Angelique 安杰利克・阿尔诺

Arnauld, Antoine 安托万・阿尔诺

Astell, Mary 玛丽・阿斯特尔

Augustinus von Hippo 希波的奥古斯丁

Baillet, Adrien 阿德里安・巴耶

Baumgarten, Alexander Gottlieb 亚历山大・戈特利布・鲍姆加登

Bayle, Pierre 皮埃尔・培尔

Beeckman, Isaac 以撒・贝克曼

Berkeley, George 乔治・贝克莱

Bossuet, Jacques Bénigne 雅克 – 贝尼涅・博须埃

Boyle, Robert 罗伯特・波义耳

Brandt, Reinhard 莱因哈特・布兰特

Brentano, Franz 弗朗兹・布伦塔诺

Broad, Jacqueline 杰奎琳・布罗德

Cavendish, Margaret 玛格丽特・卡文迪许

Cavendish, William 威廉・卡文迪许

Châtelet, Émilie du 艾米丽・杜夏特莱

Christine, Königin von Schweden 瑞典女王克里斯蒂娜

Comtesse de Boufflers 布弗勒伯爵夫人

Conway, Anne 安妮・康威

Cordemoy, Géraud de 热罗・德・科尔德穆瓦

Coste, Pierre 皮埃尔・科斯特

Cudworth, Damaris 达玛丽斯・卡德沃思

Cudworth, Ralph 拉尔夫・卡德沃思

Culverwell, Nathaniel 纳撒尼尔・卡尔费韦尔

D’Alembert, Jean Le Rond 让・勒朗・达朗贝尔

Descartes, René 勒内・笛卡尔

D’Holbach, Paul Henri Thiry 保尔・昂利・蒂里・霍尔巴赫

Diderot, Denis 德尼·狄德罗

Duclos, Charles Pinot 查尔斯·皮诺·杜克洛

Elisabeth von der Pfalz 普法尔茨的伊丽莎白公主

Epikur 伊壁鸠鲁

Euklid 欧几里得

Fénelon, François 弗朗索瓦·费奈隆

Filmer, Robert 罗伯特·菲尔默

Fontenelle, Bernard 伯纳德·丰特内尔

Galilei, Galileo 伽利略·伽利雷

Gassendi, Pierre 皮埃尔·伽桑狄

Gay, Peter 彼得·盖伊

Geulincx, Arnold 阿诺德·赫林克斯

Goethe, Johann Wolfgang von 约翰·沃尔夫冈·冯·歌德

Gournay, Marie de 玛丽·德·古尔奈

Grimm, Friedrich Melchior 弗里德里希·梅尔基奥尔·格里姆

Hanley, Ryan Patrick 瑞安·帕特里克·汉利

Helvétius, Anne-Catherine, geb. de Ligniville 安妮－凯瑟琳·爱尔维修（出生姓氏为利尼维尔）

Helvétius, Claude-Adrien 克洛德·阿德里安·爱尔维修

Hobbes, Thomas 托马斯·霍布斯

Homer 荷马

Hooke, Robert 罗伯特 · 胡克

Hume, David 大卫 · 休谟

Hutcheson, Francis 弗兰西斯 · 哈奇森

Jansen, Cornelius 康内留斯 · 詹森

Jolley, Nicholas 尼古拉斯 · 乔利

Kant, Immanuel 伊曼努尔 · 康德

Kemp Smith, Norman 诺曼 · 肯普 · 史密斯

Kopernikus, Nikolaus 尼古劳斯 · 哥白尼

La Forge, Louis de 路易 · 德 · 拉福尔热

Leibniz, Gottfried Wilhelm 戈特弗里德 · 威廉 · 莱布尼茨

Lipsius, Justus 尤斯图斯 · 利普修斯

Locke, John 约翰 · 洛克

Luther, Martin 马丁 · 路德

Macpherson, Charles 查尔斯 · 麦克弗森

Malebranche, Nicolas 尼古拉 · 马勒伯朗士

Marmontel, Jean-François 让 – 弗朗索瓦 · 马蒙泰尔

Masham, Francis 弗朗西斯 · 马沙姆

McCracken, Charles 查尔斯 · 麦克拉肯

Meier, Georg Friedrich 格奥尔格 · 弗里德里希 · 迈尔

Mendelssohn, Moses 摩西 · 门德尔松

Mersenne, Marin 马兰・梅森

More, Henry 亨利・莫尔

Morellet, André 安德烈・莫雷莱

Newton, Isaac 艾萨克・牛顿

Nicole, Pierre 皮埃尔・尼柯尔

Norris, John 约翰・诺里斯

Nozick, Robert 罗伯特・诺齐克

Pascal, Blaise 布莱瑟・帕斯卡

Platon 柏拉图

Popper, Karl 卡尔・波普尔

Poullain de la Barre, François 弗朗索瓦・普兰・德・拉・巴尔

Pufendorf, Samuel von 塞缪尔・冯・普芬多夫

Régis, Pierre Sylvain 皮埃尔 – 西尔万・雷吉斯

Regius, Henricus 亨里克斯・雷吉乌斯

Reid, Thomas 托马斯・里德

Rousseau, Jean-Jacques 让 – 雅克・卢梭

Russell, Paul 保罗・拉塞尔

Schiller, Friedrich 弗里德里希・席勒

Schneewind, Jerome 杰罗姆・施尼温德

Schürmann, Anna Maria von 安娜・玛丽亚・冯・舒曼

Sévigné, Marie de Rabutin-Chantal 玛丽・德・拉比丁 –

尚塔尔·塞维涅

Shaftesbury, Anthony Ashley Cooper 舍夫茨别利伯爵安东尼·阿什利－柯柏

Simmons, Alan John 艾伦·约翰·西蒙斯

Smith, Adam 亚当·斯密

Smith, John 约翰·史密斯

Spinoza, Baruch de 巴鲁赫·德·斯宾诺莎

Strauss, Leo 列奥·施特劳斯

Suchon, Gabrielle 加布丽埃勒·苏琼

Sydenham, Thomas 托马斯·西德纳姆

Thomasius, Christian 克里斯蒂安·托马修斯

Turgot, Anne Robert Jacques 安·罗伯特·雅克·杜尔哥

Van den Enden, Franciscus 弗朗西斯库斯·凡·登·恩登

Voetius, Gisbertus 吉贝尔图斯·沃修斯

Voltaire (François-Marie Arouet) 伏尔泰（弗朗索瓦－马利·阿鲁埃）

Whichcote, Benjamin 本杰明·惠奇科特

Wolff, Christian 克里斯蒂安·沃尔夫

Wollstonecraft, Mary 玛丽·沃斯通克拉夫特

图书在版编目（CIP）数据

近代哲学：从笛卡尔到康德／（德）约翰内斯·哈格，（瑞士）马尔库斯·维尔特著；李彦达译．—上海：上海三联书店，2024.3

（日耳曼通识译丛）

ISBN 978-7-5426-8335-9

Ⅰ．①近… Ⅱ．①约…②马…③李… Ⅲ．①哲学思想－研究－欧洲－近代 Ⅳ．①B5

中国国家版本馆 CIP 数据核字（2023）第 243722 号

近代哲学：从笛卡尔到康德

著　　者／〔德〕约翰内斯·哈格，〔瑞士〕马尔库斯·维尔特
译　　者／李彦达
责任编辑／王　建
特约编辑／张士超
装帧设计／鹏飞艺术
监　　制／姚　军
出版发行／上海三联书店
（200030）中国上海市漕溪北路 331 号 A 座 6 楼
邮购电话／021-22895540
印　　刷／三河市中晟雅豪印务有限公司
版　　次／2024 年 3 月第 1 版
印　　次／2024 年 3 月第 1 次印刷
开　　本／787×1092　1/32
字　　数／79 千字
印　　张／6.25

ISBN 978-7-5426-8335-9／B·878

定　价：26.80元

著作权合同登记号　图字：10-2022-391 号